Creio na Alegria

Copyright © Paulus 2011

Direção editorial
Zolferino Tonon

Coordenação editorial
Jakson Ferreira de Alencar

Produção editorial
AGWM produções editoriais

Ilustrações
Criss de Paulo

Impressão e acabamento
PAULUS

Dados Internacionais de Catalogação na Publicação (CIP)
(Câmara Brasileira do Livro, SP, Brasil)

Pulier, Tania Ferreira e
Sousa, Sandra Regina de

    Creio na Alegria : caminho da fé cristã nos passos do Credo: livro do catequizando, volume 1 / Sandra Regina de Sousa e Tania Ferreira Pulier. — São Paulo: Paulus, 2011. — Coleção Creio na Alegria.

ISBN 978-85-349-2587-7

    1. Catequese — Igreja Católica — Ensino bíblico
    2. Catequistas — Educação 3. Fé 4. Vida cristã
I. Pulier, Tania Ferreira. II. Título.

11-03554   CDD-268.3

Índices para catálogo sistemático:

1. Catequistas: Formação bíblica: Educação religiosa:
    Cristianismo   268.3

Seja um leitor preferencial **PAULUS**.
Cadastre-se e receba informações sobre
nossos lançamentos e nossas promoções:
paulus.com.br/cadastro
Televendas: **(11) 3789-4000 / 0800 016 40 11**

1ª edição, 2011
7ª reimpressão, 2024

© PAULUS – 2011
Rua Francisco Cruz, 229 • 04117-091 – São Paulo (Brasil)
Tel.: (11) 5087-3700
paulus.com.br • editorial@paulus.com.br

ISBN 978-85-349-2587-7

Sandra Regina de Sousa
Tania Ferreira Pulier

LIVRO DO CATEQUIZANDO

Creio na Alegria

Caminho da fé cristã nos passos do Credo

Volume 1

PAULUS

Sumário

Apresentação	6
Introdução	8

CREIO EM DEUS PAI

1º Encontro	Um olhar sobre o "eu"	13
2º Encontro	Há um "outro" no caminho	19
3º Encontro	A fé ilumina a vida	23
4º Encontro	Ouçam...	29
5º Encontro	Creio no Amor que tudo envolve	33
6º Encontro	Conversa com o Pai	37
7º Encontro	Creio no Senhor que tudo pode	41
8º Encontro	Deus é o Pai Criador	45

CREIO EM JESUS CRISTO

9º Encontro	Creio em Jesus Cristo	55
10º Encontro	Seu Filho, nosso Senhor	61
11º Encontro	O "sim" de Maria	65
12º Encontro	A vida de Jesus, em quem creio	85
13º Encontro	Sob Pôncio Pilatos padeceu	89
14º Encontro	Foi crucificado, morto e sepultado	95
15º Encontro	O caminho da morte para a vida	99
16º Encontro	Subiu aos céus e está à direita do Pai	103
17º Encontro	Intimidade com o nosso Pai	107

Apresentação

Querida criança,

Você tem diante de si este livro de catequese, diferente dos livros da escola. Mais importante: ele serve de bússola para você navegar pelo mar bonito da fé em Jesus. Cada encontro se parece com um porto onde seu barco se abastece para a semana. De semana em semana, você passará com alegria esse período que a prepara para o encontro maior com Jesus na Eucaristia.

Cuide bem deste livro, com imenso carinho. Faça os exercícios propostos, não como mera tarefa escolar, mas como o momento de você ficar mais perto de Deus. Cada encontro que você faz a aproxima de Deus. E isso lhe enche o coração de alegria.

Você gosta de brincar. E na catequese você vai brincar com Deus por meio dos colegas, da catequista, das dinâmicas e orações. Quem mais se alegra com você e fica feliz de vê-la contente é Deus. Você aprenderá ao longo dos encontros a gostar ainda mais de Deus. Ele já gosta infinitamente de você.

Você vai perceber que o livro a ajudará a fazer coisas bem ligadas entre si. A primeira provoca-a a descobrir, desvelar e tornar mais claras as pequenas experiências de seu dia a dia. Ele fará você pensar um pouco mais naquilo que você já vive e faz. Agora com mais atenção para descobrir na sua vida a presença de Deus. O livro associará a essas experiências uma atividade de brincadeira. Deus gosta de ver você brincando. E, para coroar essas duas experiências, você se volta para Deus e reza. Nele você encontra o verdadeiro sentido de tudo o que faz.

Você não caminha sem sentido. Você anda em direção a Jesus. Os sinais da estrada que conduzem a ele vêm do Credo — aquela oração que se reza na missa depois da homilia do padre e traduz o que Deus nos ensinou para o nosso bem, felicidade e salvação. A cada semana você vai conhecer um pouquinho dessa via até chegar o dia da Primeira Eucaristia. Claro que depois você continuará comungando e aprofundando sua fé. No momento, que tenha boa viagem por esse caminho da catequese!

J. B. Libanio, sj

Belo Horizonte, 15 de agosto de 2010
Festa da Assunção de Nossa Senhora

Introdução

"Isso que vimos e ouvimos, nós agora o anunciamos a vocês.
Falamos da Palavra, que é a Vida."

1Jo 1,3.1

Querida criança,

Receba com todo o carinho este livro *Creio na Alegria*, uma proposta de catequese de iniciação, publicada em dois volumes, que a você é dedicada! A alegria perfeita é Deus, comunhão de amor. Esperamos que ao longo dos encontros você descubra que dizer "Creio em Deus Pai, Filho e Espírito Santo" é dizer "Creio na Alegria". Não há trilha de fé cristã sem a verdadeira alegria que contagia mesmo em meio a dificuldades, como a dos primeiros seguidores de Jesus Cristo.

Nestas páginas você vai encontrar músicas, histórias, poesias, jogos, a Palavra de Deus e sugestões de atitudes de vida que dão alegria ao praticá-las. O livro é um apoio importante no caminho que você fará com outras crianças ao longo dos encontros.

Você não vai ter aula de catequese com tarefas para casa, como se fosse português, geografia ou ciências, nem vai aprender conteúdos para saber mais e passar de ano. O seu aprendizado será uma experiência de amizade, de encontro, de oração que dê alegria à sua fé. Será tão bom se todas as crianças vivenciarem o encontro com o Deus de ternura e amor, que quer a vida boa para todos os seus filhos e filhas!

Preparar-se para a Primeira Eucaristia significa muito. É parte do seu caminho que começou com o Batismo e não vai terminar no final dos encontros, como se participar da Eucaristia fosse concluir um curso ou receber um diploma. Pelo contrário, o Corpo e o Sangue do Senhor são alimentos que fortalecem a caminhada de amor que continua pela vida afora.

Seja qual for a sua idade, você tem muitas perguntas e buscas. Os "porquês" são importantes para o aprendizado na vida. "Por quê?" é uma pergunta profunda que todo mundo tem dentro de si, mas muitas pessoas se esqueceram dela e desistiram de questionar. Só um coração de criança é capaz de perguntar, sem fingir que já tem a resposta. Que este livro seja um espaço onde suas questões possam fluir. Mesmo que elas não tenham respostas fechadas, que sejam impulso, lançamento para uma busca constante, mais profunda. Que a fé não seja para você algo pronto e acabado, mas um caminho sempre aberto.

Uma feliz e abençoada caminhada de fé e vida!

Com carinho,

Tania e Sandra

Creio em Deus Pai

1º Encontro: Um olhar sobre o "eu"

"Conhecias até o fundo do meu ser."
Sl 139(138),14

Quem sou eu?

Creio....

Quando fui concebido, um milagre aconteceu.
Não se viu nada tão lindo quanto a minha formação.
Dentro do ventre fui colocado e ali fiquei em transformação,
até aquele momento esperado.
Eu nasci, estou aqui, cuide bem de mim.

Assim sou **EU**: elogio, xingo, agrado, desagrado, sou amável, às vezes mal-educado, bato, abraço, estudo, colo, partilho minhas coisas, quero tudo para mim, sou egoísta, generoso, calmo, agitado, obedeço, desobedeço, sou sincero, minto. Eu sou um tantão de coisas, e todas as coisas ao mesmo tempo. O bem, o mal, a alegria, a tristeza, tudo convive dentro de mim. Às vezes me sinto diferente; às vezes, tão igual a outros. Quando ando depressa, penso que poderia ir mais devagar. Se saio correndo, tenho medo de cair. Se pulo corda, fico de olho na queimada. E assim vou vivendo um dia atrás do outro, buscando respostas, fazendo perguntas. Vou sendo feliz e até mesmo infeliz. Se em algum momento desacredito de algo, em outro sinto que a esperança me move. Sigo a minha estrada, olhando a paisagem, atravessando pontes, cortando caminhos em busca de saber quem eu sou.

MÚSICAS DO ENCONTRO

(melodia: *Os escravos de Jó*)

Eu vim até aqui e quero partilhar
e quero ouvir o que você irá contar.
Quem eu sou quero (com alegria) revelar,
meus gostos, minhas birras, meu rezar e meu brincar.
Colegas e amigos e as pessoas do meu lar.

(melodia: *Quem te ensinou a nadar*)

Seja bem-vindo ô lê lê!
Seja bem-vindo ô lá lá!
Ó quanta alegria
juntos brincar e rezar.

Experiência de oração

Abaixo há uma sugestão de atividade em que você escreverá o seu nome, fará um desenho de si mesmo(a), colocará a data do seu aniversário, uma qualidade e uma falha. Faça tudo com carinho, principalmente valorizando o seu precioso nome.

EU SOU O(A) ....

SOU ASSIM:

Aniversário ....

Uma qualidade ....

Uma falha ....

Fazer em casa com carinho

- Leia o texto "Quem sou eu?" (página 13) e procure lembrar-se do que você viveu nesse encontro.

- Mostre para a sua família o desenho que fez na catequese e diga como você se sentiu e um pouco de quem você é.

- Escreva aqui um poema para você, usando palavras carinhosas, e leve-o para mostrar às outras crianças na semana que vem.

- Traga flores e folhas secas para o próximo encontro. (Como fazer a secagem: coloque flor e folha dentro de um livro, feche-o e coloque um peso em cima dele, deixando pelo menos uns cinco dias.)

● Responda às perguntas abaixo com sinceridade e preste atenção em você. Se quiser, converse com alguém da catequese sobre as suas respostas.

1. Do que mais gosta de brincar?
   ....
   ....

2. Qual comida acha mais gostosa?
   ....
   ....

3. O que o(a) deixa muito triste?
   ....
   ....

4. Onde gosta de passear?
   ....
   ....

5. Gosta de ler? O quê?
   ....
   ....
   ....

6. Quem é seu melhor amigo ou amiga?

   ....

   ....

   ....

7. É bom estudar? Por quê?

   ....

   ....

   ....

   ....

8. Você cuida bem da natureza?

   ....

   ....

   ....

9. Gosta de animais? Quais?

   ....

   ....

   ....

10. O que o(a) faz muito feliz?

    ....

    ....

    ....

Ensine a seus amigos(as) a música que aprendeu e brinque de roda com eles(as).

Propósito da semana

Faça alguma coisa de que você gosta muito e sinta-se feliz por tê-la feito.

A Palavra de Deus

Leia a bonita passagem do Profeta Isaías que está no capítulo 43, versículo 1, e agradeça a Deus pelo seu nome e por ele cuidar com tanto carinho da sua vida. Escreva essa passagem aqui embaixo para que fique bem guardada no livro e no coração.

2º Encontro: Há um "outro" no caminho

"Amarás o teu próximo como a ti mesmo."
Mt 22,39

E esse outro, quem é?

É quem passa por mim nas ruas, estuda comigo na escola, convive no dia a dia em minha casa, está nos jornais, na televisão. É homem, mulher, jovem, criança, idoso. Faz parte da minha família. Vai à Igreja, ao *shopping*, à catequese, ao restaurante, ao parque. Anda a pé, de carro, de ônibus, de avião. Brinca, trabalha, luta, sofre, se alegra, conquista seus sonhos, acerta e erra. Ajuda os outros. Às vezes é egoísta. Gosta das pessoas, cuida da natureza, preserva o ambiente. Joga lixo no chão, não cuida de si mesmo. Esse é o outro que caminha por este mundo fazendo da vida um lugar de aprendizado e escolhas, de erros e acertos, de guerra e paz. É alguém que preciso conhecer melhor para aprender a amar. Caminhará comigo na escola, na rua, na catequese e em tantos outros lugares por onde passarei. Que eu saiba encorajá-lo quando se sentir desanimado. E mostre quanto valor tem os seus gestos de amizade. Mesmo quando não faz a coisa certa, preciso entender que, assim como eu, ele é fraco, limitado, inseguro, porém traz dentro de si um lugar de bondade onde o mal não entra. Eu acredito que, olhando para ele com mais amor, na certa esse amor fará o que não era tão bom se tornar melhor. E é tão bonito tratar todas as pessoas com carinho, aprendendo a respeitar o que elas sentem, como agem, o que falam e o que pensam!

Esse outro sou eu para você e você para mim. Caminhando juntos, seremos "Nós".

Bem te vi,
bem te vejo,
bem te digo,
bem te quero.
Bem me faz
a tua presença
aqui junto a mim.

MÚSICA DO ENCONTRO
(melodia: *Ciranda cirandinha*)

O outro que me abraça
é o meu irmão querido.
Ele pula, ele dança,
ele caminha comigo.

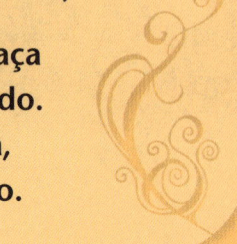

Fazer em casa com carinho

- Leia o texto "E esse outro, quem é?" (página 19) junto com seus familiares.

- Leia o poema abaixo para se inspirar na criação de rimas. Você escolhe alguns nomes das crianças que estão na catequese e mostra o seu lado artístico, criando outras rimas. Traga-as no próximo encontro e dê de presente para quem elas foram escritas.

RECEITINHA PARA ACHAR ALGUÉM...

Onde foi parar o André? Fez um gol e deu no pé...
Onde foi parar o Chico? Saiu correndo depois do mico...

Onde foi parar o João? Foi soltar pipa no Japão...
Onde foi parar a Maria? Foi para Marte, quem diria?

Onde foi parar o Elói? Foi fazer curso de herói...
Onde foi parar a Aninha? Ver o ET lá de Varginha...

Onde foi parar o Felipe? Foi se tratar daquela gripe...
Onde foi parar a Sara? Foi ao zoológico ver a arara...
Onde foi parar a Andreia? Xiii!!!... Esqueci e não faço ideia!

Quem quiser achar alguém que procure desse jeito:
bote rimas que combinem com o nome do sujeito!...

- Não se esqueça de cantar a cantiga de roda na melodia da *Ciranda cirandinha*. É sempre bom ensinar outras crianças.
- Veja que legal essa atividade! Nela você colocará certo (C) ou errado (E).

AMAR O PRÓXIMO QUER DIZER:

- [ ] Devo sempre estender a mão para quem precisar.
- [ ] Não preciso ser educado com ninguém.
- [ ] Sempre devo brigar pelo melhor lugar.
- [ ] Colaboração e perdão são atitudes que devo ter sempre para com todas as pessoas.
- [ ] Pensando só em mim eu serei feliz.
- [ ] Fazer o bem é o caminho certo nesta vida.
- [ ] Todas as pessoas que se aproximam de mim são próximas.
- [ ] Preciso competir, ser o primeiro e deixar os outros para trás.

Propósito da semana

Faça uma boa ação — ou mais de uma — durante a semana e observe como você se sente. Será interessante também juntar roupas e brinquedos que você não usa mais e doá-los a quem precisa.

A Palavra de Deus

Leia o Evangelho de Mateus, capítulo 22, versículos do 34 ao 40, e converse com Deus sobre o que é preciso fazer para que o amor ao próximo floresça de verdade em seu coração. Ouça o que diz o Senhor Jesus a você e peça a ele que aumente um pouquinho, a cada dia, o seu amor por todas as pessoas.

> Os fariseus ouviram dizer que Jesus tinha feito os saduceus se calarem.
> Então eles se reuniram, e um deles perguntou a Jesus para o tentar:
> — Mestre, qual é o maior mandamento da lei?
> Jesus respondeu:
> — Ame ao Senhor seu Deus com todo o seu coração, com toda a sua alma e com todo o seu entendimento. Esse é o maior e o primeiro mandamento. O segundo é semelhante a esse: Ame ao seu próximo como a si mesmo. Toda a lei e os profetas dependem desses dois mandamentos.

Escreva aqui as palavras de que mais gostou no texto.

3º Encontro: A fé ilumina a vida

"Fé é o fundamento da esperança, é uma certeza daquilo que não se vê."
Hb 11,1

O sentido do crer

AMOR GERA CONFIANÇA

Diego acordou cedo e foi para a escola. Ao chegar, viu os colegas conversando e aproximou-se da roda. Eles comentavam o telejornal da noite anterior.

— Você viu o que aconteceu numa cidade dos Estados Unidos ontem? — perguntou Ana Clara.

— Um falso motorista desviou a rota do ônibus e até agora ele está desaparecido, com vários trabalhadores e estudantes dentro! — contou Pedro.

O sinal bateu anunciando o início da aula, mas Diego passou toda a manhã pensando naquelas crianças. Ao voltar para casa, contou o fato a sua mãe e comentou:

— Nunca imaginei uma coisa dessas! Pego ônibus todos os dias e nem passa pela minha cabeça que ele pode não chegar à escola!

— Há cinco anos você confia nos motoristas e eles correspondem bem à sua confiança — respondeu a mãe. Ela sempre dizia coisas que faziam o menino pensar. Mais uma vez ela tinha razão.

E não era só nos motoristas que ele confiava, sem perceber. Também no padeiro, no açougueiro, no feirante, no vendedor de balas na porta do colégio. Claro que são pessoas e podem falhar. Às vezes alguém diz que a cozinha da padaria estava suja, que o fazendeiro não vacinou o gado e até que existe gente passando bala de droga nas escolas. Mas quem vive se tiver que desconfiar de todo mundo o tempo todo? Sem fé, não dá para viver!

De repente a campainha interrompeu sua reflexão. Era o Carlinhos, seu vizinho.

— Ô *véi*, eu preciso te contar uma coisa.

E Carlinhos desabafou um problema sério que estava ocorrendo na família dele. No embalo, ainda contou que estava apaixonado por Aninha.

— Como você sabe que eu não vou contar nada disso pra alguém, Carlinhos?

— Porque você é meu melhor amigo.

Diego ficou feliz e pensou que essa confiança que existe na amizade era bem maior do que aquela dedicada ao motorista ou ao padeiro.

Quando seu pai chegou, ele não pensou duas vezes. Como de costume, atirou-se do alto da escada, nos braços daquele a quem tanto amava.

— Meu filho! — disse o pai, abraçando-o forte, enquanto a mãe chegava e participava também do abraço.

Antes de dormir, Diego contou para a mãe como foi o dia e tudo o que havia pensado sobre a confiança. Ela completou:

— Meu filho, você nem percebeu, mas confiou na minha palavra e foi ela que te moveu a pensar tudo isso, pois foi dita por quem te ama, e isso é forte na sua vida! Também não notou outra coisa: o jeito que se atirou nos braços do seu pai. Teria feito isso se fosse um desconhecido ou um conhecido não tão próximo?

Foi aí que Diego percebeu que não teve medo de se esborrachar porque se tratava do seu pai, uma das pessoas que mais o amava. E a mãe finalizou aquela lição de confiança:

— Quanto maior o amor, mais aumenta a fé, por isso devemos nos lançar nos braços de Deus, que muito nos ama e nunca decepciona, e nos deixar conduzir pela sua Palavra.

Fazendo o sinal da cruz na testa do filho, deu-lhe um beijo de boa-noite e foi se deitar.

MÚSICA DO ENCONTRO
(melodia: *Se esta rua fosse minha*)

Sendo a fé uma palavra pequenina,
seu valor é tão grande e sem igual.
Ela é forte e remove as montanhas.
Ergue o fraco, cura o cego e vence o mal.

Fazer em casa com carinho

- Procure no caça-palavras as palavras listadas abaixo, depois pergunte a pessoas diferentes — alguém da família, amigos, vizinhos, parentes, colegas da escola — o que a palavra encontrada significa para elas e anote a resposta. Leve as respostas ao próximo encontro e mostre para outra criança.

AMIZADE ....

LEALDADE ....

CONFIANÇA ....

FÉ ....

FIDELIDADE ....

CRER ....

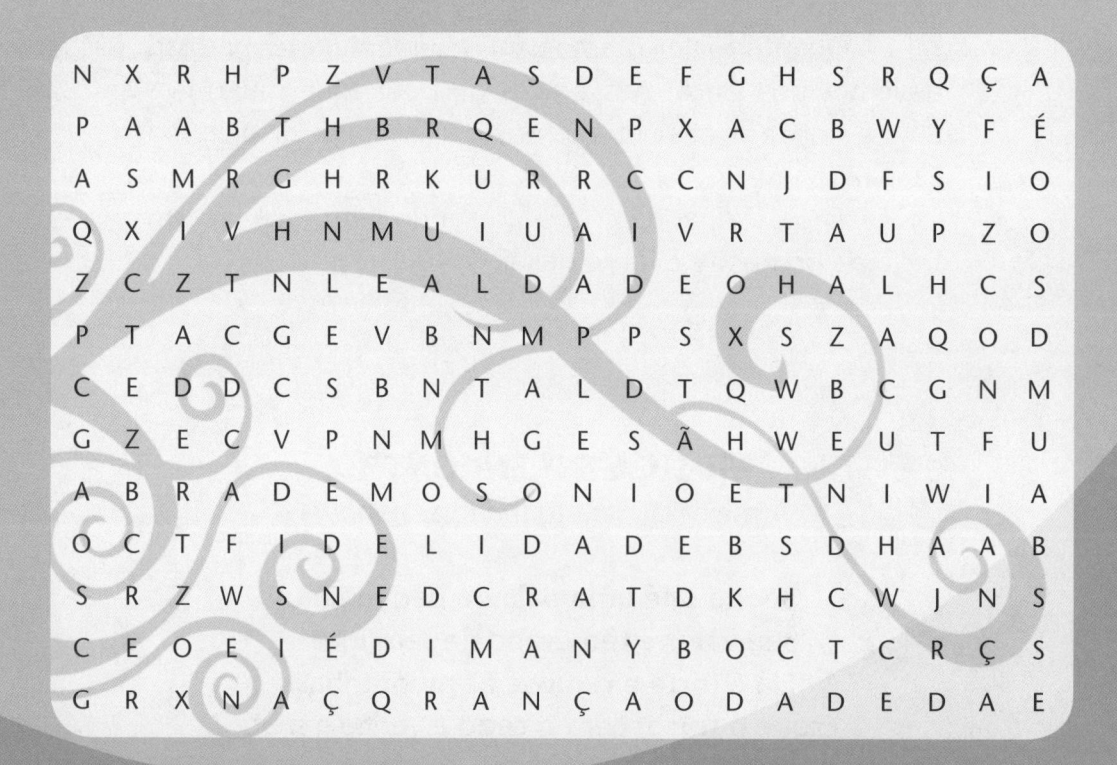

N	X	R	H	P	Z	V	T	A	S	D	E	F	G	H	S	R	Q	Ç	A
P	A	A	B	T	H	B	R	Q	E	N	P	X	A	C	B	W	Y	F	É
A	S	M	R	G	H	R	K	U	R	R	C	C	N	J	D	F	S	I	O
Q	X	I	V	H	N	M	U	I	U	A	I	V	R	T	A	U	P	Z	O
Z	C	Z	T	N	L	E	A	L	D	A	D	E	O	H	A	L	H	C	S
P	T	A	C	G	E	V	B	N	M	P	P	S	X	S	Z	A	Q	O	D
C	E	D	D	C	S	B	N	T	A	L	D	T	Q	W	B	C	G	N	M
G	Z	E	C	V	P	N	M	H	G	E	S	Ã	H	W	E	U	T	F	U
A	B	R	A	D	E	M	O	S	O	N	I	O	E	T	N	I	W	I	A
O	C	T	F	I	D	E	L	I	D	A	D	E	B	S	D	H	A	A	B
S	R	Z	W	S	N	E	D	C	R	A	T	D	K	H	C	W	J	N	S
C	E	O	E	I	É	D	I	M	A	N	Y	B	O	C	T	C	R	Ç	S
G	R	X	N	A	Ç	Q	R	A	N	Ç	A	O	D	A	D	E	D	A	E

- Que tal cantar novamente a música do encontro e ensiná-la para outras crianças?

Propósito da semana

A sua atitude esta semana será aproximar-se de alguém em quem você tem muita vontade de confiar, mas, por medo de se decepcionar ou por ter dúvida de que será acolhido, não consegue chegar perto dessa pessoa. O gesto concreto será procurá-la e com carinho abrir um pouco o seu coração.

A Palavra de Deus

Na Carta aos Hebreus, capítulo 11, versículos do 1 ao 39, há uma bonita narrativa sobre pessoas na história do Povo de Deus que por terem fé firme venceram muitas batalhas na vida, suportando dificuldades sem desanimar. Ao ouvir o chamado do Pai de bondade, responderam sim. Caminhando com ele, ultrapassaram obstáculos, superando desafios, protegidas pela sua mão poderosa.

E você, criança, tem ouvido o chamado de Deus pedindo-lhe que confie mais nele e deixe que ele a proteja? Leia a história que está em Hebreus junto com seus familiares ou amigos e converse sobre a fé que cada um traz no coração. Ela é forte o suficiente para continuar viva diante das grandes lutas da vida? Ela resiste às tempestades que ocorrem no dia a dia ou a dúvida é maior que a confiança?

Termine essa conversa com um agradecimento a Deus por vocês terem recebido essa fé que sustenta os seus passos e peça a ele que fortaleça em cada ser humano a certeza de que tudo é possível para aquele que crê.

- Escreva no espaço abaixo uma oração que expresse o que você experimentou nessa vivência com a Palavra de Deus.

4º Encontro: Ouçam...

"Eu lhes transmiti aquilo que eu mesmo recebi."
1Cor 15,3

Anunciando a vida

4

Creio....

DO AMOR!
(Gibran Khalil Gibran)

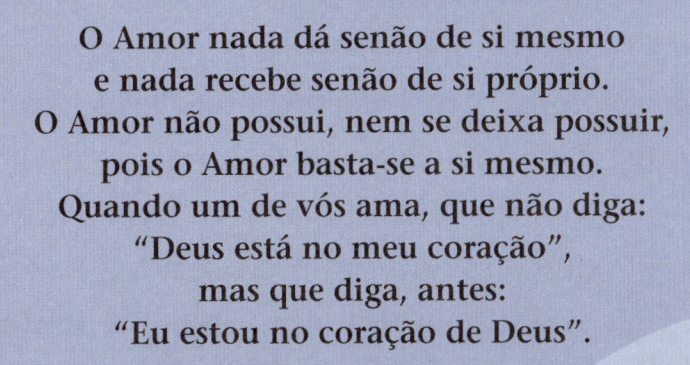

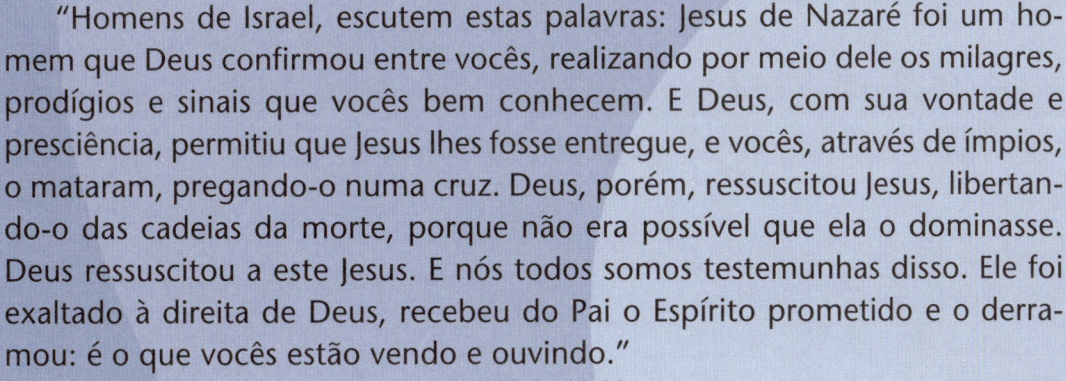

O Amor nada dá senão de si mesmo
e nada recebe senão de si próprio.
O Amor não possui, nem se deixa possuir,
pois o Amor basta-se a si mesmo.
Quando um de vós ama, que não diga:
"Deus está no meu coração",
mas que diga, antes:
"Eu estou no coração de Deus".

"Homens de Israel, escutem estas palavras: Jesus de Nazaré foi um homem que Deus confirmou entre vocês, realizando por meio dele os milagres, prodígios e sinais que vocês bem conhecem. E Deus, com sua vontade e presciência, permitiu que Jesus lhes fosse entregue, e vocês, através de ímpios, o mataram, pregando-o numa cruz. Deus, porém, ressuscitou Jesus, libertando-o das cadeias da morte, porque não era possível que ela o dominasse. Deus ressuscitou a este Jesus. E nós todos somos testemunhas disso. Ele foi exaltado à direita de Deus, recebeu do Pai o Espírito prometido e o derramou: é o que vocês estão vendo e ouvindo."
At 2,22-24.32-33

MÚSICA DO ENCONTRO
(melodia: *Fui na fonte do Tororó*)

(Todos)
Hoje ouvi um lindo anúncio da vida de Jesus Cristo.
Ele amou a todo mundo, fez milagres e prodígios.

E você, e você aí, quer seguir seus passos
e amar o irmão?

(Criança que vai para o centro da roda)
Sim, eu quero com Jesus caminhar
porque tenho o(a) .... para ser meu par.

Jesus passou fazendo o bem a toda criatura.

Denunciou as maldades, incomodou e por isso foi morto.

Foi um "sim" total a Deus que o levantou e ressuscitou dos mortos.

Os discípulos fizeram a experiência de que ele estava vivo. É o Espírito Santo que dá o entendimento, à luz da fé, de tudo o que aprenderam nas Escrituras e do próprio Senhor e faz deles testemunhas.

Fazer em casa com carinho

- Faça um pergaminho bem bonito e escreva nele o que significou para você os quatro primeiros encontros e qual é o anúncio que a catequese fez hoje para você. No propósito da semana você saberá o que fazer depois de escrever seus sentimentos no pergaminho. Leve-o ao próximo encontro para partilhar com as outras crianças.

- Não se esqueça de cantar a música que aprendeu hoje.

Propósito da semana

Depois de ter escrito tudo o que você experimentou na catequese e que o(a) marcou com mais profundidade, pegue o pergaminho, com uma atitude séria, abra-o e anuncie a quem você quiser o seu testemunho vivido nesses encontros.

A Palavra de Deus

Faça frases bem bonitas com as palavras do Livro dos Atos dos Apóstolos que estão no capítulo 2, versículos do 22 ao 24 e do 32 ao 34.

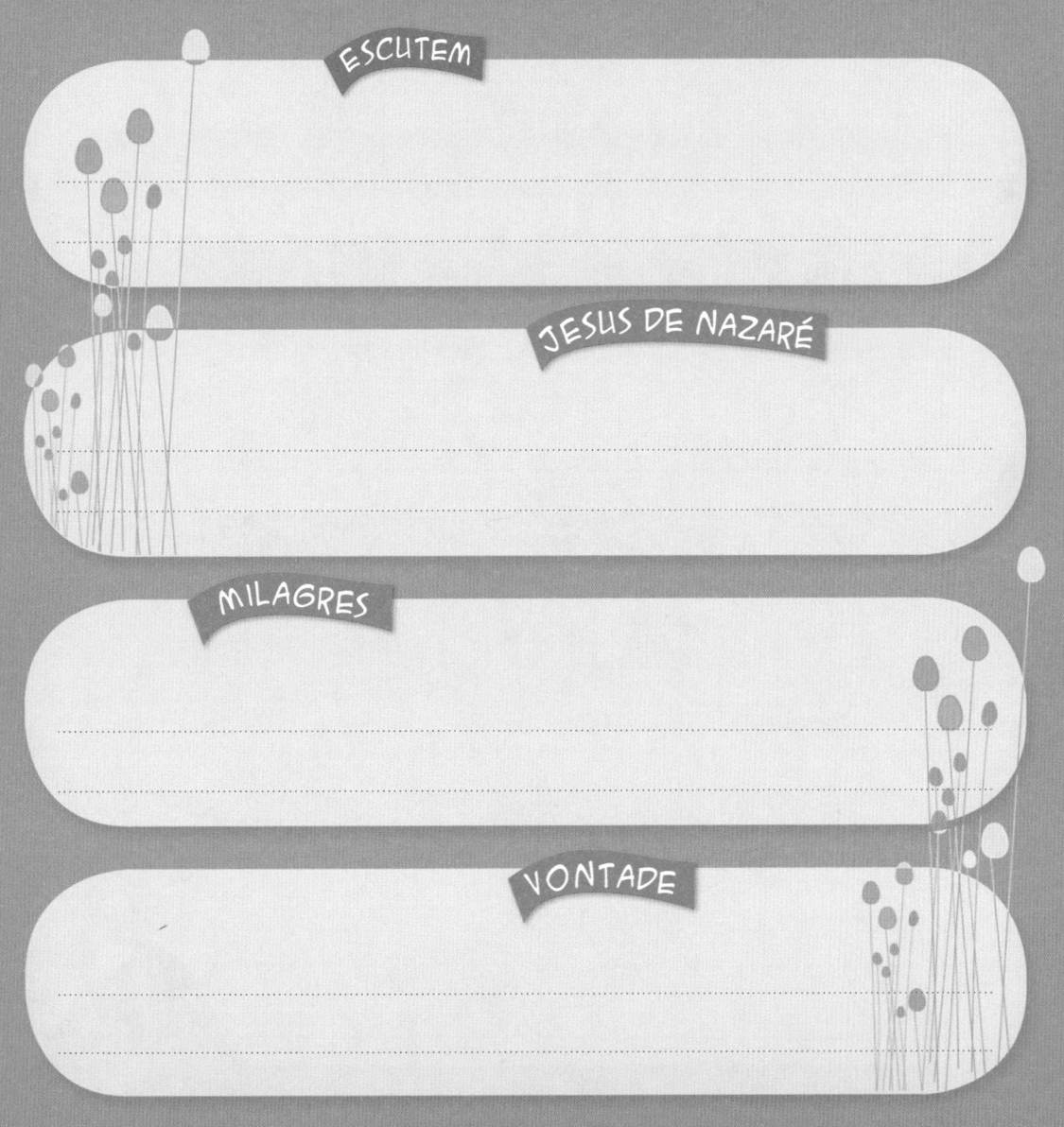

ESCUTEM

JESUS DE NAZARÉ

MILAGRES

VONTADE

CRUZ

RESSUSCITOU

MORTE

TESTEMUNHAS

PAI

ESPÍRITO

5º Encontro: Creio no Amor que tudo envolve

"Meu Pai e vosso Pai, meu Deus e vosso Deus."
Jo 20,17

O Pai que é Deus

DEUS É PAI[1]
(Padre Fábio de Melo)

Quando o sol ainda não havia cessado seu brilho. Quando a tarde engolia aos poucos as cores do dia e despejava sobre a terra os primeiros retalhos de sombra, eu vi que Deus veio assentar-se perto do fogão de lenha da minha casa. Chegou sem alarde, retirou o chapéu da cabeça e buscou um copo de água no pote de barro que ficava num lugar de sombra constante. Ele tinha feições de homem feliz, realizado. Parecia imerso na alegria que é própria de quem cumpriu a sina do dia e que agora recolhe a alegria cotidiana que lhe cabe. Eu o olhava e pensava: como é bom ter Deus dentro de casa! Como é bom viver essa hora da vida em que tenho direito de ter um Deus só pra mim.

Cair nos seus braços, bagunçar-lhe os cabelos, puxar a caneta do seu bolso e pedir que ele desenhasse um relógio bem bonito no meu braço. Mas aquele homem não era Deus, aquele homem era meu pai. E foi assim que eu descobri que meu pai, com o seu jeito finito de ser Deus, revela-me Deus com seu jeito infinito de ser homem.

MÚSICA DO ENCONTRO
(melodia: *Alecrim dourado*)

Deus é Pai e é tão bondoso.
Seu amor por nós é maravilhoso.
Irmã e irmão, não se sintam só,
pois todo cuidado ele tem por nós.

---

1. Esse texto está no CD *Vida*, do padre Fábio de Melo.

Fazer em casa com carinho

- Escreva como você entendeu a história do Pai misericordioso (Lucas, capítulo 15, do 11 ao 32). Conte para a sua família ou para outra pessoa.

- Confeccione um **vaivém**: pegue duas garrafas pet de 2 litros e peça a um adulto que as corte ao meio. Encaixe as metades com bico uma dentro da outra e fixe-as com fita adesiva. O vaivém se parece com uma garrafa de dois bicos.

Passe dois fios de náilon bem compridos (2 metros cada) por dentro do vaivém através dos bicos. Para segurar nas extremidades do cordão ou do fio com segurança, amarre quatro argolas, uma em cada extremidade dos cordões. Está pronto o brinquedo.

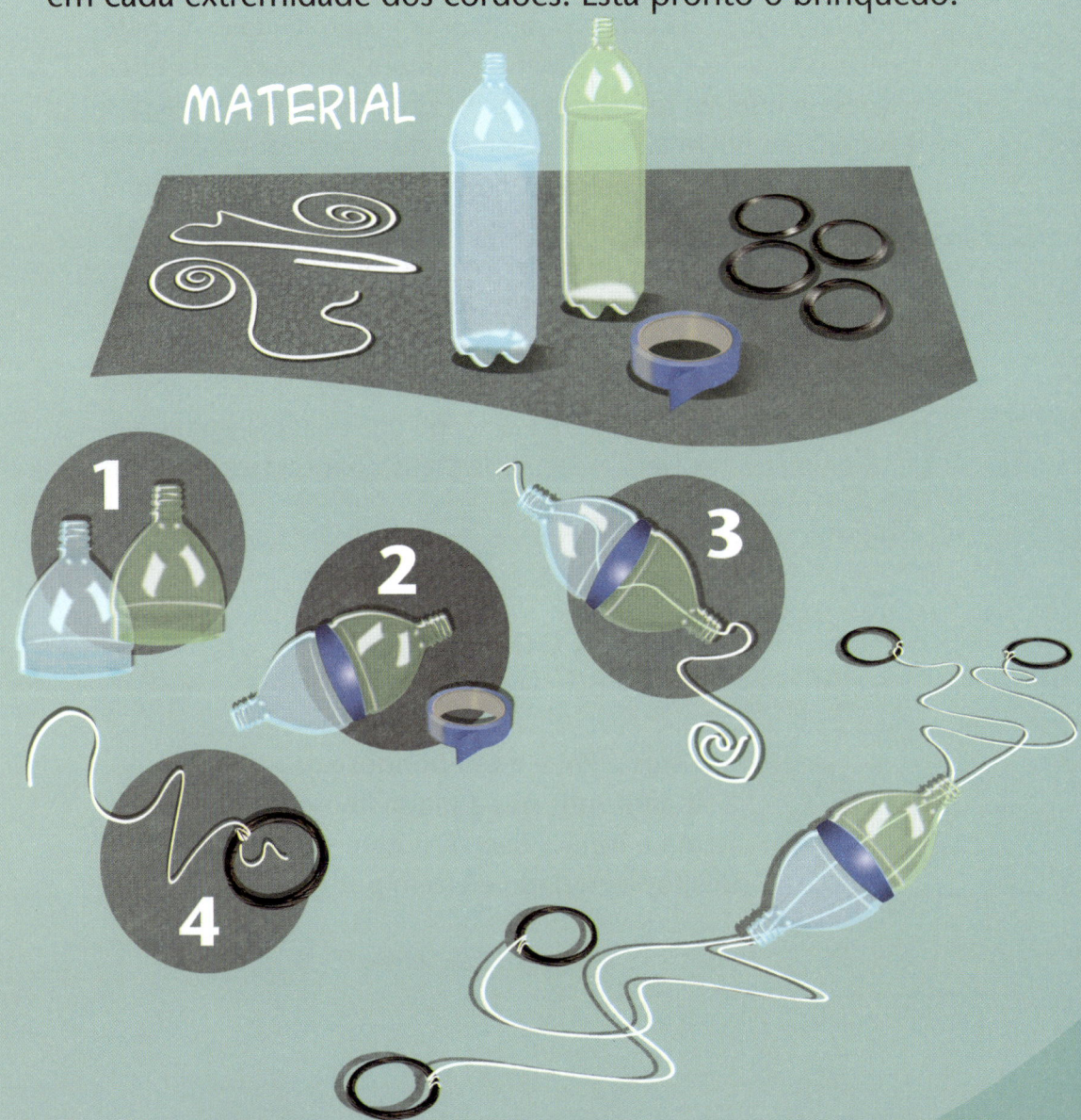

MATERIAL

Que tal brincar assim: você manda e diz: "Creio em Deus que é Pai!", e a outra criança responde, ao devolver: "E ama seus filhos!". Saia com um adulto, leve o vaivém e chame outras crianças para brincar. Usando a criatividade, mude as frases de acordo com o tema visto na catequese, e se quiser, cante a música desse encontro.

Propósito da semana

Reserve 10 minutos todos os dias para conversar sozinho(a) com Deus, da forma como você achar melhor. Lembre-se do presente que ganhou de ser filho(a) de Deus e repita em seu coração: "Meu Pai". No final da semana, faça um desenho que expresse essa experiência que você viveu.

A Palavra de Deus

Veja que bonita esta narrativa para você ler e meditar sobre ela: Livro dos Salmos 105(104), versículos do 1 ao 45. Esse Salmo fala das grandes maravilhas que Deus fez na História da Salvação, conduzindo o seu povo com mão firme e braço forte. Eles confiaram em seu imenso amor de Pai e não foram desamparados. E, mesmo nas horas que fraquejaram e quase deixaram de confiar, ainda assim não foram abandonados. Até hoje a ação de Deus continua acontecendo na vida de cada pessoa. Ele ampara, conforta, mostra o caminho a todos os que se deixam guiar pela sua mão. Experimente confiar e se entregar nos braços dele e você será muito feliz. Sublinhe as frases de que mais gostou do texto da próxima página.

A HISTÓRIA TESTEMUNHA A AÇÃO DE DEUS

- Celebrem o Senhor, invoquem o seu nome, anunciem entre os povos as suas façanhas!
- Cantem para ele, ao som de instrumentos, recitem suas maravilhas todas!
- Gloriem-se do seu nome santo, alegre-se o coração dos que buscam o Senhor!
- Procurem o Senhor e sua força, busquem sempre a sua face.
- Recordem as maravilhas que ele fez, os prodígios e as sentenças de sua boca.
- Descendência de Abraão, seu servo, filhos de Jacó, seu escolhido!
- O nosso Deus governa a terra inteira.
- Ele se lembra para sempre da sua aliança, da palavra empenhada por mil gerações.
  - Da aliança que selou com Abraão, do juramento feito a Isaac, confirmado como lei para Jacó, como aliança eterna para Israel: "Eu lhe darei a terra de Canaã, como sua parte na herança".
  - Quando era possível contá-los, eram pouco numerosos, estrangeiros na terra: iam e vinham, de nação em nação, de um reino para um povo diferente.
  - Ele não deixou que ninguém os oprimisse, e, por causa deles, até reis castigou: "Não toquem nos meus ungidos, não maltratem os meus profetas!".
  - Tinha mandado um homem à sua frente: José vendido como escravo.
  - Com grilhões lhe afligiram os pés e lhe puseram ferros no pescoço, até que se cumpriu sua predição, e a palavra lhe deu crédito.
  - O rei mandou soltá-lo, o Senhor dos povos o livrou. E o constituiu senhor de sua casa, administrador de todos os seus bens, para instruir os príncipes e ensinar sabedoria aos anciãos.
- Deus fez seu povo crescer muito, e o tornou mais poderoso que seus opressores.
- Então ele enviou Moisés, seu servo, e Aarão, a quem escolhera.
- Tirou o seu povo carregado de ouro e prata, e entre suas tribos ninguém tropeçava.
- Ele estendeu uma nuvem para cobri-los, e um fogo para iluminar a noite.
- Pediram, e ele fez vir codornizes, e os saciou com o pão do céu.
- Fendeu a rocha e brotaram águas, correndo no deserto como um rio.
- Fez seu povo sair com alegria, e seus eleitos com gritos jubilosos.
- Para que guardassem os seus estatutos e observassem as suas leis.
- Aleluia!

6º Encontro: Conversa com o Pai

"Tu és o meu filho amado."
Mc 1,11

No colo de Deus

Oração é a possibilidade infinita de comunicação e diálogo. É um gesto simples e profundo. Invade de luz o coração em trevas; fortalece os joelhos enfraquecidos; cura as feridas do desamor. A oração é um ato de amor. Penetra e suaviza a existência humana, dando a certeza de que a voz que clama será ouvida: "Por isso, vos digo: tudo o que pedirdes na oração, crede que já o recebestes, e vos será concedido" (Mc 11,24). Aquele que ora sabe que a fé está no centro da vida e sua luminosidade alcança os ouvidos atentos de Deus. Ele responde aos anseios do coração com o amor de Pai. A oração é caminho seguro do caminhante. É dom, trato de amizade com Deus cultivado no relacionamento diário. É partilha dos sentimentos mais íntimos, das fraquezas e ignorâncias, dos sonhos e desejos. É entrega, escuta, silêncio, espera, resposta e transformação.

Creio em Deus Pai...

"A oração é onde o Senhor ilumina para entender as verdades.
Orar é tratar de amizade, muitas vezes a sós,
com quem sabemos que nos ama."
(Santa Teresa de Ávila)

MÚSICA DO ENCONTRO
(melodia: *Cai, cai balão*)

Deus é amor! Deus é amor!
Que imensa alegria!
Sua bondade, perdão, esperança
nos envolvem todo dia.

Em nome do PAI, do FILHO e do ESPÍRITO SANTO. A... ...MÉM.

Fazer em casa com carinho

- Leve a massinha que você trabalhou como expressão do seu encontro com Deus e conte para os seus familiares como foi essa experiência vivida na catequese.

- Uma noite qualquer, antes de se deitar, leia novamente o texto "No colo de Deus".

- Traga recortes de jornal ou revista que mostrem um super-herói; ou uma notícia sobre uma pessoa que fez uma boa ação para ajudar seu semelhante; ou sobre uma ação má, como roubo, corrupção ou outro crime.

Propósito da semana

Toda vez que você se sentir triste, desanimado(a), com raiva de alguém ou de alguma situação, humilhado(a) ou rejeitado(a), lembre-se das palavras do Pai: "Tu és meu filho amado", e repita para si mesmo(a): "Eu sou o(a) filho(a) amado(a) de Deus", deixando essa frase ressoar no coração.

A Palavra de Deus

Leia com todo o carinho o Evangelho de Marcos, capítulo 1, versículos do 9 ao 11, e faça a cruzadinha recorrendo a palavras do texto. Você é uma criança muito amada por Deus e sua vida é muito preciosa para ele. Por mais que às vezes você seja desobediente com a mamãe, brigue com os irmãos ou com os coleguinhas, deixe de fazer o dever da escola, ainda assim, todas as manhãs, Deus quer que você se torne melhor, uma criança que ajuda os outros, obedece aos mais velhos, responsável para com os deveres da escola, trata a todos com respeito e ama a Deus.

1. Como se chama o rio em que Jesus foi batizado?
2. Sobre quem o Espírito desceu?
3. Com que elemento da natureza João batizava?
4. Quem desceu sobre Jesus após o Batismo?
5. Deus disse: "Tu és meu filho ....".
6. Quando Jesus saiu da água, viu os .... abertos.
7. De que cidade saiu Jesus para se encontrar com João?
8. Em forma de que o Espírito se manifestou?
9. Quem batizou Jesus?

Creio em Deus Pai...

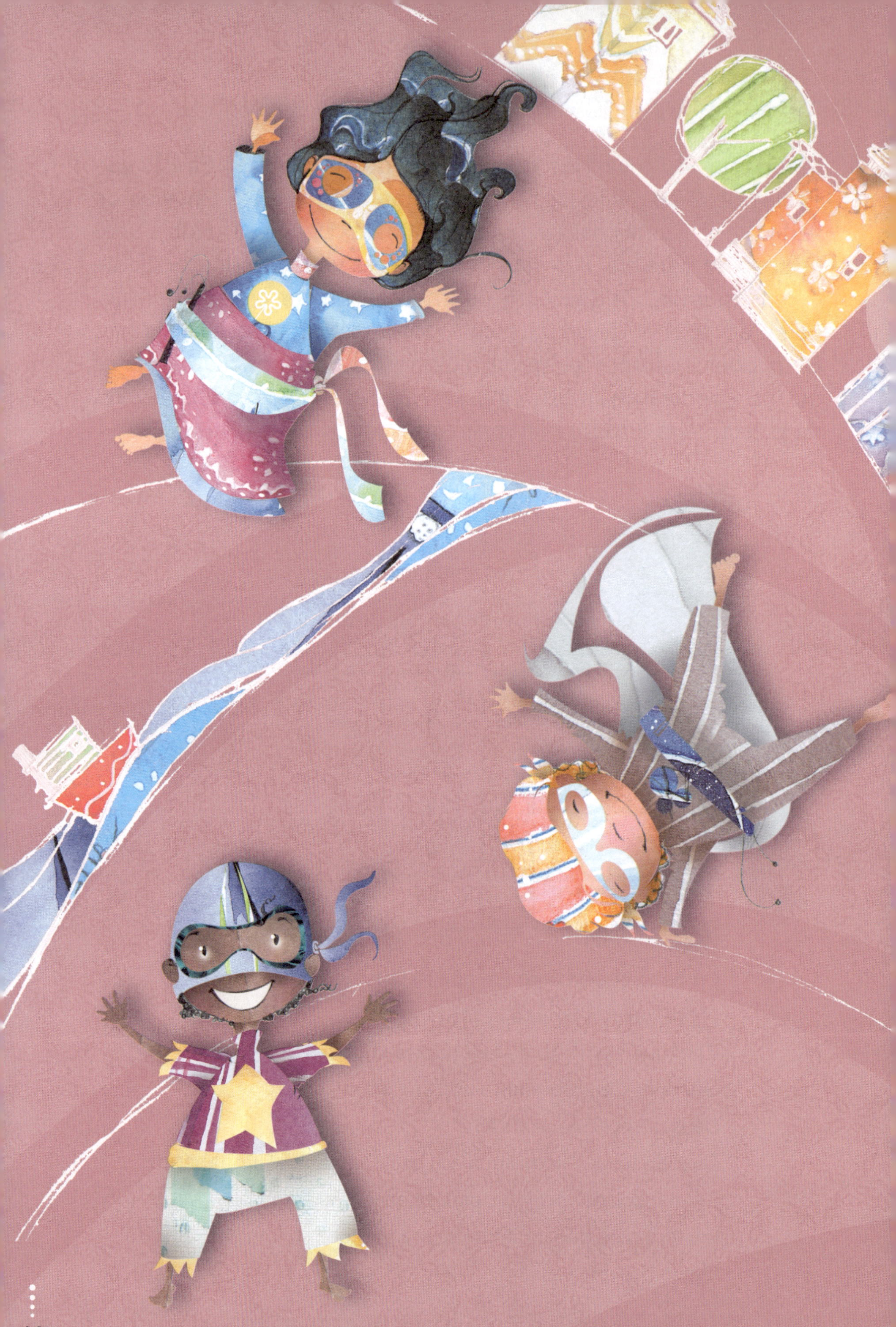

7º Encontro: Creio no Senhor que tudo pode

"Em tua mão está a força e o vigor; em tua mão tudo se firma e cresce."
1Cr 29,12

O amigo da vida

"Exercer todo o teu poder está sempre ao teu alcance;
quem pode resistir à força de teu braço?
Porque o mundo inteiro é diante de ti como o grão de areia na balança,
como gota de orvalho matutino que cai sobre a terra.
Mas te compadeces de todos, porque tudo podes; [...] amas todos os seres [...],
perdoas a todos, porque são teus, Senhor, amigo da vida."
Sb 11,21-26

SUPER-HERÓIS DO AMOR

Do Pai de Jesus Cristo e Pai de toda a humanidade, o Deus Pai todo-poderoso, cada um recebeu vários dons, e sempre um desses dons sobressai mais que outro. Alguns são rápidos, como o *Flash*; outros fortes, como o Super-Homem; inteligentes, como o Batman; engraçadinhos, como o Pernalonga ou o Pica-Pau; descoladas, como as "Superpoderosas"; ou espertas, como as "Três Espiãs Demais". Sensíveis, simpáticas, fiéis, amigas, justas, prestativas, humildes... enfim, cada pessoa participa do poder de Deus. Não há ninguém que não tenha um dom, um poder, uma força. Qual é o seu poder? Como você o vivencia? Emprega seu dom para ajudar os outros e assim crescer como pessoa? Ou quer usá-lo só para si ou para se sentir melhor que os demais? Talvez você precise ainda descobrir qual é o seu dom. Será que nas transformações pelas quais você passa na vida alguns "vilões" aparecem de vez em quando, assim como no Ben Dez? Você gostaria de ser um super-herói? Então por que não olha para o Pai e aprende a orientar o que você é para a paz, o perdão, a compaixão, a criação de coisas boas, a construção de amizades? Isso é salvar! É ser amigo da vida. Que bela missão!

MÚSICA DO ENCONTRO
(melodia: *Teresinha de Jesus*)

O Senhor é poderoso.
Ele só sabe amar.
Em suas mãos, com todo o carinho,
os seus filhos guardará.

Fazer em casa com carinho

- Assista a um desenho animado e tente identificar os dons ou poderes que aparecem ali. Como estão sendo vividos? Quais os sentimentos das personagens? Qual é o poder do herói? Qual é o poder do vilão? E como cada um deles escolheu viver o seu dom? Se quiser, anote as observações feitas.

- Com giz, desenhe o jogo da amarelinha no chão escrevendo no lugar dos números o nome de vários superpoderes dados por Deus a todas as pessoas, e que ele soube muito bem distribuí-los, para que ninguém ficasse sem a força dele. Exemplos: misericórdia, solidariedade, alegria, perdão, amor, paciência, coragem, verdade, fraternidade. No início escreva TERRA e no final, CÉU.

Brinque na rua, se for possível, com crianças diferentes, com quem você possa falar desses poderes dados por Deus. Pegue uma pedra e jogue na primeira casa. Pule as casas simples com um pé só e as duplas, com os dois pés. Não pode pisar na casa onde estiver a pedra nem na linha. Chegando ao CÉU, volte, parando na casa anterior à da pedra para pegá-la. Se não errar, jogue a pedra na casa seguinte à que ela estava, e continue até errar. Aí, passe a vez para outra criança, e assim sucessivamente. Ao chegar a sua vez de novo, continue da casa em que parou e assim em diante, até chegar no CÉU. Não perca a oportunidade de ensinar para as crianças a música que aprendeu no encontro.

Deus Pai todo-poderoso

CÉU

CORAGEM | FRATERNIDADE

PERDÃO

ALEGRIA | PACIÊNCIA

SOLIDARIEDADE

MISERICÓRDIA | VERDADE

AMOR

TERRA

Propósito da semana

Pense em qual é o principal dom que Deus deu a você e faça um gesto para outra pessoa usando esse dom.

A Palavra de Deus

Leia o Salmo 147 com alegria e carinho para perceber a grandiosidade de Deus, que é cheio de poder e muito amoroso. Ele faz o bem para os seus filhos muito amados e cuida de todos com muito carinho. Tire do texto as palavras de que você mais gostou e escreva-as ao redor dele.

SALMO 147

Aleluia! Louvem o Senhor, pois é bom cantar.
O nosso Deus merece harmonioso louvor.
O Senhor reconstrói Jerusalém.
Reúne os exilados de Israel.
Cura os corações despedaçados
e cuida dos seus ferimentos.
Ele conta o número das estrelas,
e chama cada uma pelo nome.
Nosso Senhor é grande e poderoso,
e a sua sabedoria é sem medida.
O Senhor sustenta os pobres.
Entoem o agradecimento ao Senhor,
cantem ao nosso Deus com a harpa.
Ele cobre o céu com nuvens,
preparando a chuva para a terra.
Faz brotar erva sobre os montes
e plantas úteis ao homem.
Fornece alimento para o rebanho.
Ele envia suas ordens à terra,
e sua palavra corre velozmente.

8º Encontro: Deus é o Pai Criador

"Deus criou o homem e a mulher à sua imagem e os abençoou. Deus viu tudo o que tinha feito: e era muito bom."
Gn 1,27.31

A arte de criar

8

Criador do céu e da terra...

A história da criação mostra o quanto Deus ama o que ele criou. Ama com tanta intensidade que guarda o universo na palma de sua mão. Com seus pincéis de artista, coloriu o céu de um azul tão azul, que, quando a manhã acorda, com ela desperta o brilho e a vontade de viver mais um dia. Desenhou as nuvens, leves, soltas, faceiras, como os cordeirinhos a brincar. E, mesmo quando elas ficam escuras formando chuva, a água que cai vem para molhar a terra e fazer a semente brotar e crescer. Ele também pintou as estrelas e a lua que moram na noite e tem o poder de iluminar as trevas. Fez as flores tão lindas! Cada uma delas com cores e desenhos diferentes e assim elas enfeitam as casas, as estradas, os tantos lugares maravilhosos que existem para serem conhecidos.

Veja como esse amor está presente em tudo o que os olhos podem alcançar. A natureza fala dele nas árvores, que generosamente dão frutos e ramos; nos animais, cujas espécies são importantes para a sobrevivência uma da outra e para que toda a criação viva em harmonia.

E o ser humano! Como deixar de crer na existência desse Deus maravilhoso quando se olha para um bebê? E quando ele vai crescendo, amadurecendo e descobrindo o mundo? Passando por etapas se torna adulto. Homem e mulher, criação do Pai. Centelhas do amor divino, mas também frágeis, limitados, finitos. Não sabem tudo, precisam constantemente aprender. Tropeçam, caem e recomeçam uma e outra vez. Encontram certezas após algumas tentativas, e, em meio a erros e acertos, avanços e voltas, caminham ao longo da história sob o olhar divino. Ao sopro do amor, a experiência de ser imagem e semelhança, certeza e esperança. Nos gestos cotidianos, a presença junto dos irmãos, o cuidado, a comunhão.

> "Ó Pai querido,
> Vós nos amais tanto que fizestes para nós
> este mundo tão grande e tão bonito.
> Por este amor tão grande queremos agradecer."
> "Muito obrigado porque nos criastes, ó Deus.
> Querendo bem uns aos outros,
> viveremos no vosso amor."[1]

---

1. Trechos da Oração Eucarística II e da III para missa com crianças.

MÚSICA DO ENCONTRO
(melodia: *Se esta rua fosse minha*)

Deus criou este imenso universo.
Fez o céu, as estrelas e o mar.
Fez o homem, a mulher, os passarinhos,
esta casa tão bonita pra morar.

Fazer em casa com carinho

- Se puder, vá com um adulto a um parque, uma praça ou qualquer espaço verde. Leve folhas de papel brancas, tinta e pincéis ou lápis de cor, escolha uma cena da paisagem e pinte um quadro bem bonito.

- Leia o poema "A borboleta", na página seguinte, para os seus familiares e fale com eles sobre o encontro de hoje. Ensine-lhes a música também.

Propósito da semana

Plante uma flor ornamental e cuide dela durante toda a semana. Se quiser, peça ajuda à sua avó, mãe, vizinha ou amiga para que transplante a muda e lhe ensine a cuidar dela. Leve-a para o próximo encontro.

Criador do céu e da terra...

A borboleta[2]
(Lígia Maria Álvares Ferreira)

Olha a gota de orvalho
　　　　　Olha a flor
Olha a gota explodindo
　　　　　De cor
Olha a cor se espalhando
　　　　　No chão...
Tenho tanta coisa
　　　　　Para admirar.
Ciao[3], que vou andando
　　— borboleteando —
Não posso parar.
　　　　　Vou de flor em flor
Vou de galho em galho
　　　　　Vou de cor em cor.
Se eu ficar parada
　　　　　A brisa me toca
O vento me esconde
　　　　　Vou não sei aonde
Posso não voltar.

Ciao, que vou voando
　　— borboleteando —
Ciao, que vou agora.
　　　Tenho que ir-me embora
Tenho muita flor
　　　　　Para visitar.
Você me desculpe
　　　　　Não posso parar.
Agora tenho asas,
　　　　　Tenho que voar.

Sou traumatizada,
　　　　　E se ficar parada
Quieta num lugar
　　　　　Lembro da lagarta
Que já fui um dia
　　　　　Toda apertada
Dentro do casulo
　　　　　Morta de agonia
E quase sem ar.

Por isso só quero
　　— borboletear —
Vou pegar um sol
　　　　　Para me aquecer
E depois dançar
　　　　　até o anoitecer.

Adeus, passarinho,
　　　　　Adeus, beija-flor!
Adeus, meu benzinho
　　　　　Adeus, meu amor.
Vou de galho em galho,
　　　　　Vou de flor em flor
Abro minhas asas
　　　　　Não sei aonde vou
Não preciso casa
　　　　　Não preciso abrigo
Só preciso espaço
　　　　　Pra poder voar.
Quem quer ir comigo
　　— borboletear?

---

2. Lígia Maria Álvares Ferreira. *22 histórias de bichos*. Belo Horizonte: Objeto de Arte, 2007, p. 19.
3. Leia-se "Tchau".

A Palavra de Deus

No primeiro livro da Bíblia, que se chama Gênesis, no capítulo 1, versículos do 1 ao 31, há uma bonita narrativa da criação. Junte seus amigos, leia com eles e depois, nas páginas seguintes, desenhem as maravilhas que Deus fez para todos os seres humanos.

Criou o céu e a terra, as estrelas e o sol. Os passarinhos e as flores, o mar e as montanhas. E ainda criou os animais, o dia e a noite, a chuva e os ventos. Criou tudo isso e viu que era bom. Criou também o homem e a mulher, e viu que era muito bom. A bondade de Deus manifesta-se na sua criação. Tanta abundância, variedade e beleza irradiam a grandeza do seu amor.

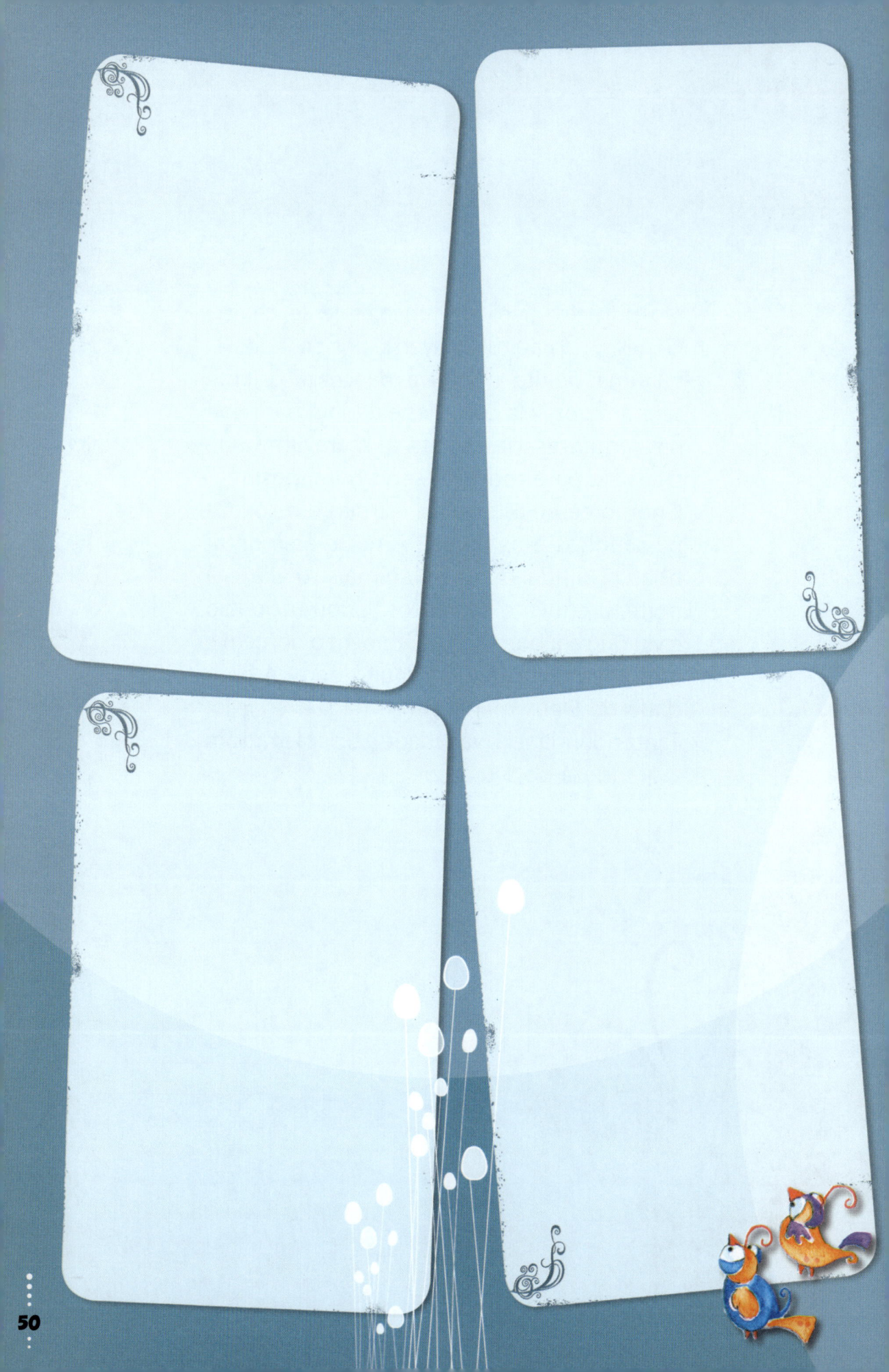

Criador do céu e da terra...

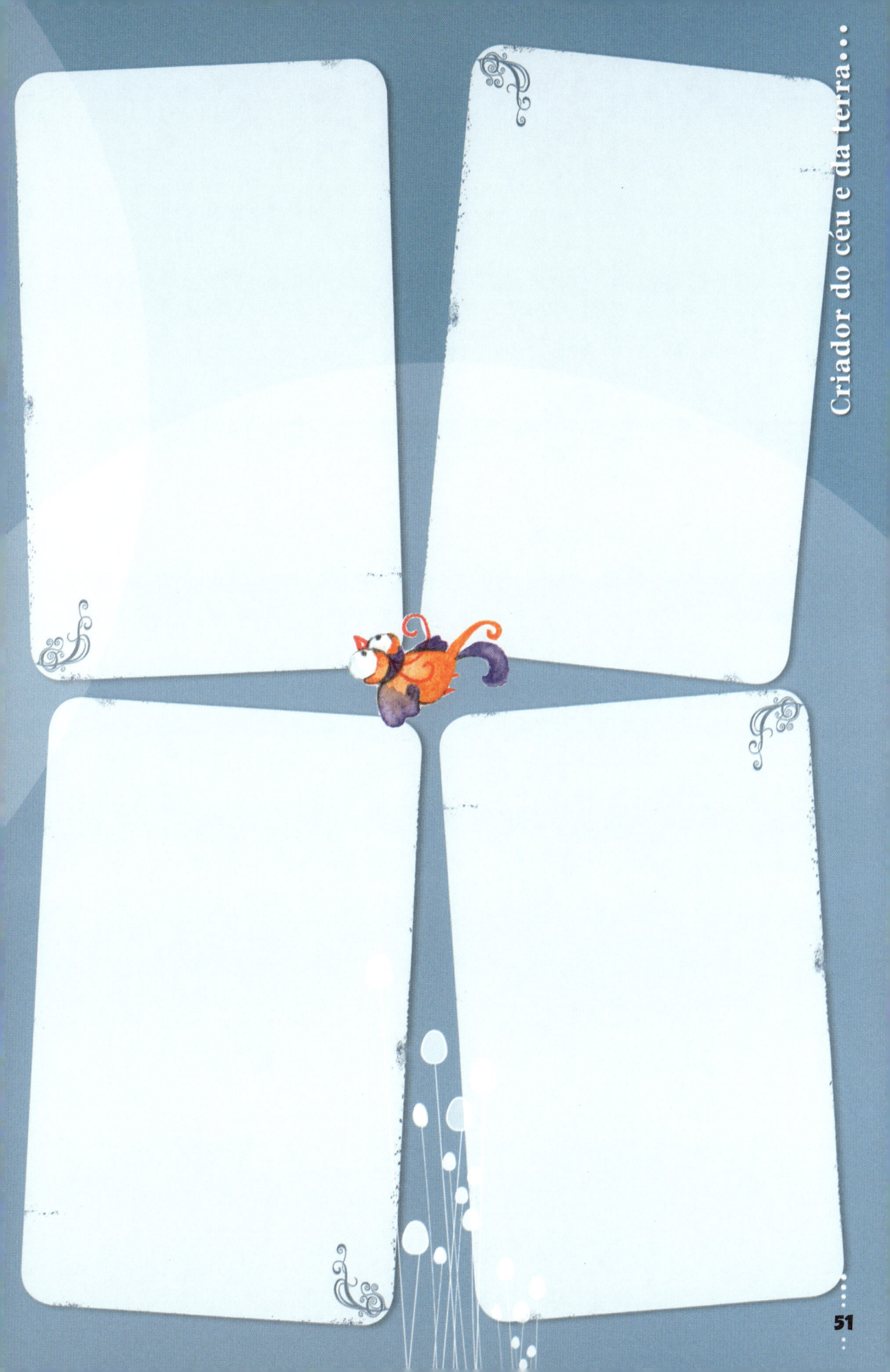

Creio em Jesus Cristo

Quem é Jesus?

9º Encontro: Creio em Jesus Cristo

"Todas as vezes que vocês fizeram isso a um dos menores dos meus irmãos, foi a mim que o fizeram."

Mt 25,40

Imagem e presença

SEU NOME É JESUS CRISTO
(Padre Zezinho)[1]

Seu nome é Jesus Cristo, e passa fome e grita pela boca dos famintos.
E a gente quando o vê passa adiante, às vezes pra chegar depressa à Igreja.

Seu nome é Jesus Cristo, e está sem casa e dorme pela beira das calçadas.
E a gente quando o vê aperta o passo e diz que ele dormiu embriagado.

**Entre nós está e não o conhecemos.
Entre nós está e nós o desprezamos.**

Seu nome é Jesus Cristo, e é analfabeto
e vive mendigando um subemprego.
E a gente quando o vê diz: "é um à toa,
melhor que trabalhasse e não pedisse".

Seu nome é Jesus Cristo, e está banido das rodas sociais e das Igrejas,
porque dele fizeram um rei potente, enquanto ele vive como um pobre.

Seu nome é Jesus Cristo, e está doente e vive atrás das grades da cadeia.
E nós tão raramente vamos vê-lo, sabemos que ele é um marginal.

Seu nome é Jesus Cristo, e anda sedento,
por um mundo de amor e de justiça,
mas logo que contesta pela paz
a ordem o obriga a ser da guerra.

Seu nome é Jesus Cristo, e é difamado, e vive nos imundos meretrícios,
mas muitos o expulsam da cidade, com medo de estender a mão a ele.

Seu nome é Jesus Cristo, e é todo homem,
que vive neste mundo ou quer viver,
pois pra ele não existem mais fronteiras,
só quer fazer de nós todos irmãos.

---
1. Hinário Litúrgico da CNBB (3º fascículo).

Desenhe a imagem de Jesus que o(a) tocou na experiência de fechar os olhos e depois troque seu livro com outra criança.

MÚSICA DO ENCONTRO
(melodia: *Pela estrada afora*)

Jesus é presença no rosto do irmão
que está com fome e não tem o pão.
Ele está no pobre, doente e sozinho
que estende a mão e só quer carinho.

Ele é amor, só faz o bem
e ensina todos a amar também.

Fazer em casa com carinho

Entreviste uma pessoa que possa contar uma situação em que percebeu Jesus presente na vida dela.

ENTREVISTA

Nome ....

Conte um fato de sua vida em que sentiu inteiramente a presença de Jesus junto de você.

....
....
....
....
....
....
....
....
....
....

Propósito da semana

Tente ver em cada rosto que passar por você esta semana a imagem de Jesus ou procure recordar se sentiu a presença dele quando estava com alguém. Anote as experiências aqui.

A Palavra de Deus

Leia com carinho o Evangelho de Mateus, capítulo 25, versículos do 31 ao 46, com seus familiares. Após a leitura, complete as frases da página ao lado e ache essas palavras no caça-palavras. Durante a atividade, converse com eles sobre momentos em que vocês fizeram ações como estas descritas no texto:

- Tive fome e me destes de comer.
- Tive sede e me destes de beber.
- Era forasteiro e me acolhestes.
- Estive nu e me vestistes.
- Doente e me visitastes.
- Preso e viestes me ver.

E em Jesus Cristo...

1. Quando o Filho do _____ vier em sua glória.
2. Colocará as _____ à sua direita e os _____ à sua esquerda.
3. Então dirá o rei aos que estiverem à sua _____.
4. Venham vocês _____ de meu Pai.
5. Recebam como herança o _____ que meu Pai preparou.
6. Pois eu estava com _____ e vocês me deram de comer.
7. Eu estava com sede e me deram de _____.
8. Eu era _____ e me receberam em sua casa.
9. Eu estava sem _____ e me vestiram.
10. Eu estava doente e _____ de mim.
11. Eu estava na _____ e vocês foram me visitar.
12. Todas as vezes que fizeram isso ao menor dos meus _____, a mim o fizeram.

Q	W	E	W	O	N	M	A	S	D	H	J	L	P	F	S	R	Q	O	A
P	A	A	H	T	H	B	R	Q	E	Ã	P	P	A	C	B	C	Z	F	A
A	S	B	O	G	H	R	K	U	A	R	C	R	N	M	D	F	S	O	O
S	X	O	M	H	N	M	U	I	U	A	I	I	R	T	A	U	P	M	M
Z	C	B	E	N	D	I	T	O	S	A	D	S	O	H	B	E	B	E	R
P	T	A	M	G	E	V	B	N	M	P	P	Ã	X	S	Z	A	Q	O	D
C	E	D	D	C	S	B	N	T	A	R	D	O	Q	W	S	C	Ã	N	M
R	O	U	P	A	P	N	M	H	G	E	S	Ã	H	W	E	U	T	F	U
A	B	R	A	D	E	M	O	C	U	I	D	A	R	A	M	I	M	I	A
O	C	T	F	I	D	E	L	I	D	N	D	E	B	S	D	H	A	A	B
S	A	Z	W	S	N	E	D	M	R	O	T	D	K	H	C	M	J	N	S
F	B	S	E	I	R	M	Ã	O	S	N	Y	B	O	V	E	L	H	A	S
G	R	X	N	A	Ç	Q	R	A	N	Ç	A	O	D	A	D	E	D	A	M
R	I	I	D	I	R	E	I	T	A	A	D	E	O	Ã	A	L	H	C	S
G	T	E	C	V	P	N	M	H	G	E	S	Ã	H	W	E	U	T	F	U
P	O	A	B	T	H	B	R	Q	E	S	T	R	A	N	G	E	I	R	O
C	S	D	D	C	S	B	N	T	A	L	D	T	Q	W	S	C	G	N	M

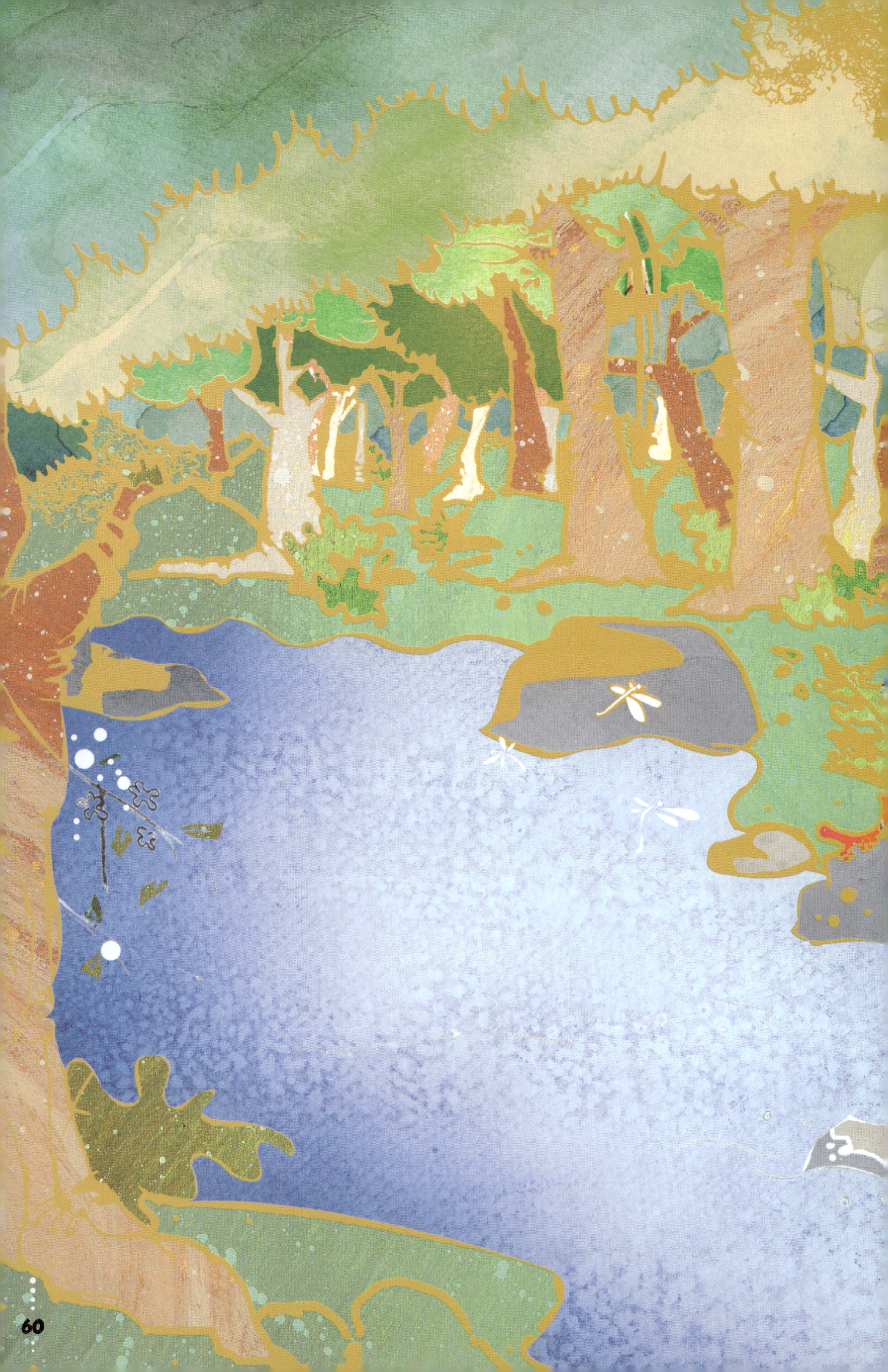

10º Encontro: Seu Filho, nosso Senhor

"Ninguém jamais viu a Deus; quem nos revelou Deus foi o Filho único, que está junto ao Pai."
Jo 1,18

A expressão do Amor

10

Seu único Filho, nosso Senhor...

MÚSICA DO ENCONTRO
(melodia: *Alecrim dourado*)

Jesus veio a este mundo
para nos mostrar a face de Deus.
Ele é o Filho e nosso Senhor,
deu-nos sua vida por amor ao Pai.

Fazer em casa com carinho

- Faça, junto com sua família, uma lista de valores e contravalores que estão presentes no mundo de hoje.

VALORES		CONTRAVALORES
Honestidade	X	Desonestidade
	X	
	X	
	X	
	X	
	X	
	X	
	X	
	X	
	X	

- Jesus é o Senhor da vida de cada pessoa. Faça um desenho que represente esse senhorio dele na sua vida e cante a música de hoje enquanto desenha.

Propósito da semana

Escolha um gesto para fazer a outra pessoa: visitar alguém que não está bem de saúde; levar uma palavra amiga para quem vive na rua; rezar com uma pessoa que está triste; brincar com uma criança abandonada. Ao praticá-lo, observe se você se tornou mais semelhante a Jesus que acolhia, amava, visitava e curava as pessoas.

Seu único Filho, nosso Senhor...

A Palavra de Deus

Veja que lindo este cântico do Profeta Isaías que está no capítulo 26, versículos do 7 ao 9 e 13. Sublinhe no texto as palavras de que você mais gostou e faça com elas pequenas frases que sejam orações ao Senhor Jesus.

A vereda do justo é reta.
Sim, Senhor, esperamos por ti,
a nossa alma suspira pelo teu nome.
Por ti suspira a minha alma a noite toda,
no meu íntimo o meu espírito madruga por ti,
pois, sempre que tuas sentenças chegam a terra,
os habitantes do mundo aprendem a justiça.
Senhor nosso Deus, outros senhores nos dominaram;
nós, porém, só invocamos o teu nome.

11º Encontro: O "sim" de Maria

"Alegre-se, cheia de graça! O Espírito Santo virá sobre você, e a força do Altíssimo a cobrirá com sua sombra."

Lc 1,28.35

Sempre a caminho

11

Vivia em Nazaré há muito tempo uma jovem chamada Maria. Todos gostavam de Maria, pois ela era muito amável e bondosa. Um dia, Maria estava sentada tranquila em casa, costurando... De repente, uma luz brilhante inundou o quarto. Maria ouviu uma voz a lhe falar. Ela ergueu os olhos. Na sua frente estava um anjo. Era Gabriel, o poderoso anjo de Deus.

— Não tenha medo, Maria! — disse Gabriel. — Deus está contente com você! Ele me mandou com uma boa notícia para você. Você terá um filho que será muito especial.

Você o chamará de Jesus. Ele será o Rei prometido por Deus. Aquele que todos esperavam. Rei que reinará para sempre!

— Como terei nenê? — perguntou Maria. — Ainda não estou casada!

— Deus é quem cuidará disso — respondeu Gabriel.

— O nenê será o próprio Filho de Deus! Também sua prima Isabel terá nenê. Ela, que pensava que nunca poderia ter filhos!

Como você vê, para Deus nada é impossível!

Lc 1,26-35[1]

Foi concebido pelo poder do Espírito Santo. Nasceu da Virgem Maria...

---

1. Extraído do livro *Maria, José e o Anjo*, recontado por Carol Watson. São Paulo: Paulus, 2003.

MÚSICAS DO ENCONTRO

Maria, mãe dos caminhantes
(Pe. Geraldo Pennock)[2]

Maria, mãe dos caminhantes, ensina-nos a caminhar.
Nós somos todos viandantes. Mas é difícil sempre andar.

1. Fizeste longa caminhada para servir a Isabel.
   Sabendo-te de Deus morada após teu sim a Gabriel.

2. Depois de dura caminhada para a cidade de Belém,
   não encontraste lá pousada, mandaram-te passar além.

3. Com fé fizeste a caminhada, levando ao templo teu Jesus.
   Mas lá ouviste da espada, da longa estrada para a cruz.

4. De medo foi a caminhada que para longe te levou,
   para escapar à vil cilada que um rei atroz te preparou.

5. Quão triste foi a caminhada de volta a Jerusalém,
   sentindo-te angustiada na longa busca do teu bem.

6. Humilde foi a caminhada em companhia de Jesus,
   quando pregava, sem parada, levando aos homens sua luz.

7. De dores foi a caminhada, no fim da vida de Jesus!
   Mas o seguiste conformada; com ele foste até a cruz.

8. Vitoriosa caminhada fez finalmente te chegar ao céu,
   a meta da jornada dos que caminham sem parar.

Salve-Rainha
(José Alves)[3]

Salve, Rainha, mãe de Deus, és Senhora nossa Mãe.
Nossa doçura, nossa luz, doce Virgem Maria.
Nós a ti clamamos, filhos exilados.
Nós a ti voltamos nosso olhar confiante.
Volta para nós, ó Mãe, teu semblante de amor.
Dá-nos teu Jesus, ó Mãe, quando a noite passar.
Salve, Rainha, Mãe de Deus, és auxílio dos cristãos.
Ó Mãe clemente, Mãe piedosa, doce Virgem Maria.

---

2. CD *Cantando louvores a Maria*. São Paulo: Paulus.
3. Idem.

Experiência de oração

Preparação e Caminhada Mariana

Foi concebido pelo poder do Espírito Santo. Nasceu da Virgem Maria...

Grupo 1

Preparar no grupo antes da caminhada

Leiam Lc 1,39-45 *(para que vocês conversem e respondam às perguntas)*

Naqueles dias, Maria partiu para a região montanhosa, dirigindo-se, às pressas, a uma cidade da Judeia. Entrou na casa de Zacarias e saudou Isabel. Quando Isabel ouviu a saudação de Maria, a criança se agitou no seu ventre, e Isabel ficou cheia do Espírito Santo. Com um grande grito exclamou: "Você é bendita entre as mulheres e é bendito o fruto do seu ventre! Como posso merecer que a mãe do meu Senhor venha me visitar? Logo que a sua saudação chegou aos meus ouvidos, a criança saltou de alegria no meu ventre. Bem-aventurada aquela que acreditou, porque vai acontecer o que o Senhor lhe prometeu".

Conversem *(uma das crianças anota as respostas)*

◗ Que gesto de Maria mostra que ela teve uma atitude prestativa e assim transmitiu a presença de Deus para a sua prima?

◗ Vocês conhecem uma pessoa simples, do povo, que tem esses gestos de Maria? (De ajuda; de estar sempre presente quando o outro precisa; de transmitir a presença de Deus com suas ações e palavras.)

Façam *(para rezar na primeira parada)*

◗ Escolham alguém para ler, na parada, o tema da oração e o comentário.

◗ Definam quem vai contar a história da pessoa que tem gestos de solidariedade, a respeito da qual vocês conversaram.

◗ Preparem com carinho o ambiente onde farão a oração.

Caminhada

1ª Parada

▶ *Do ponto inicial da caminhada, até a primeira parada, todos cantam o refrão da música* Maria, mãe dos caminhantes.

▶ *Ao chegarem, cantem juntos a estrofe:*

> Fizeste longa caminhada para servir a Isabel.
> Sabendo-te de Deus morada após teu sim a Gabriel.

▶ *Rezem juntos:*

> *Creio em Deus Pai todo-poderoso, criador do céu e da terra.*
>
> Ave, Maria, cheia de graça, o Senhor é convosco; bendita sois vós entre as mulheres e bendito é o fruto do vosso ventre, Jesus. Santa Maria, Mãe de Deus, rogai por nós, pecadores, agora e na hora de nossa morte. Amém!

▶ *Uma criança lê:*

SERVIR TORNOU-SE MISSÃO NA VISITA FEITA A ISABEL

Maria carrega em seu ventre a presença de Deus e a transmite em seus gestos.

▶ *Outra criança conta a história sobre a pessoa que tem gestos de solidariedade, como conversado na preparação.*

▶ *Ao fim da história, saiam cantando o refrão até a próxima parada.*

Foi concebido pelo poder do Espírito Santo. Nasceu da Virgem Maria...

Grupo 2

Preparar no grupo antes da caminhada

Leiam Lc 2,1-7 *(para que vocês conversem e respondam às perguntas)*

> Naqueles dias, o imperador Augusto publicou um decreto, ordenando o recenseamento em todo o império. Todos iam registrar-se, cada um na sua cidade natal. José era da família e descendência de Davi. Subiu da cidade de Nazaré, na Galileia, até a cidade de Davi, chamada Belém, na Judeia, para registrar-se com Maria, sua esposa, que estava grávida. Enquanto estavam em Belém, completaram-se os dias para o parto, e Maria deu à luz o seu filho primogênito. Ela o enfaixou e o colocou na manjedoura, pois não havia lugar para eles na estalagem.

Conversem *(uma das crianças anota as respostas)*

▸ Como Jesus nasceu?

▸ Belém significa "casa do pão". Como vocês estão se preparando para receber esse pão, que é Jesus, na Eucaristia?

Façam *(para rezar na segunda parada)*

▸ Escolham alguém para ler, na parada, o tema da oração e o comentário.

▸ Definam mais três crianças: uma para segurar a bandeja com o pão e as outras duas juntas para se dirigirem a cada criança da roda: uma oferta um pedaço do pão enquanto a outra lê a frase: "Acolher Jesus é acolher o pobre".

▸ Preparem com carinho o ambiente onde farão a oração.

Caminhada

2ª Parada

▶ *Ao chegarem à parada, cantem juntos a estrofe:*

> Depois de dura caminhada para a cidade de Belém,
> não encontraste lá pousada, mandaram-te passar além.

▶ *Rezem juntos:*

> *Creio em Jesus Cristo, seu único Filho, nosso Senhor.*
>
> *Ave, Maria, cheia de graça, o Senhor é convosco; bendita sois vós entre as mulheres e bendito é o fruto do vosso ventre, Jesus. Santa Maria, Mãe de Deus, rogai por nós, pecadores, agora e na hora de nossa morte. Amém!*

▶ *Uma criança lê:*

**NASCER É MUDANÇA DE ESTAÇÃO,
DA PRIMAVERA PARA O VERÃO, TUDO É LUZ.**

Jesus, que é o Pão, não tem lugar para nascer. O pobre de Deus veio se unir ao sofrimento de tantas vidas sem casa, sem pão, sem dignidade.

▶ *As três crianças escolhidas fazem os gestos de segurar a bandeja, ofertar o pão e ler a frase: "Acolher Jesus é acolher o pobre".*

▶ *Assim que terminarem a oferta do pão, saiam cantando o refrão até a próxima parada.*

Grupo 3

Preparar no grupo antes da caminhada

Leiam Lc 2,25-35 *(para que vocês conversem e respondam às perguntas)*

> Havia em Jerusalém um homem chamado Simeão, que era justo e piedoso. Fora-lhe revelado pelo Espírito Santo que ele veria o Senhor. Ele tomou o menino nos braços e louvou a Deus, dizendo: "Agora, Soberano Senhor, podes despedir em paz o teu servo, segundo a tua palavra; porque meus olhos viram tua salvação. Luz para iluminar as nações todas". Seu pai e sua mãe estavam admirados com o que diziam dele. Simeão abençoou-os e disse a Maria: "Eis que este menino foi posto para a queda e soerguimento de muitos, sinal de contradição — e a ti, uma espada transpassará tua alma! — para que se revelem os pensamentos íntimos de muitos corações".

Conversem *(uma das crianças anota as respostas)*

- O que Simeão disse a Maria sobre a missão de Jesus?
- O Espírito moveu Simeão a tomar uma atitude. Vocês sentem essa ação do Espírito Santo conduzindo para o bem em muitos momentos das suas vidas?

Façam *(para rezar na terceira parada)*

- Escolham alguém para ler, na parada, o tema da oração e o comentário.
- Todo o grupo deve abençoar com o óleo perfumado a testa de cada criança e do(a) catequista, dizendo: "Que o Espírito te mova a..." (a amar; a acolher o outro; a ter compaixão etc.).
- Preparem com carinho o ambiente onde farão a oração.

Caminhada

3ª Parada

▶ *Ao chegarem à parada, cantem juntos a estrofe:*

> Com fé fizeste a caminhada, levando ao templo teu Jesus.
> Mas lá ouviste da espada, da longa estrada para a cruz.

▶ *Rezem juntos:*

> *Que foi concebido pelo poder do Espírito Santo; nasceu da virgem Maria.*
>
> Ave, Maria, cheia de graça, o Senhor é convosco; bendita sois vós entre as mulheres e bendito é o fruto do vosso ventre, Jesus. Santa Maria, Mãe de Deus, rogai por nós, pecadores, agora e na hora de nossa morte. Amém!

▶ *Uma criança lê:*

A MULHER DE FÉ E DE VIDA

Maria participava da vida da comunidade e das suas celebrações. Simeão, movido pelo Espírito, anunciou a salvação de Deus, a dor da missão. Maria assume o sofrimento.

▶ *Todo o grupo abençoa a todos com óleo perfumado.*

▶ *Após a bênção com o óleo, saiam cantando o refrão até a próxima parada.*

Grupo 4

Preparar no grupo antes da caminhada

Leiam Mt 2,13-15 *(para que vocês conversem e respondam às perguntas)*

> O Anjo do Senhor apareceu em sonho a José e lhe disse: "Levante-se, pegue o menino e a mãe dele e fuja para o Egito! Fique lá até que eu avise. Porque Herodes vai procurar o menino para matá-lo". José levantou-se de noite, pegou o menino e a mãe dele e partiu para o Egito. Aí ficou até a morte de Herodes, para se cumprir o que o Senhor havia dito por meio do profeta: "Do Egito chamei o meu filho".

Conversem *(uma das crianças anota as respostas)*

- O que Deus diz para José nesse texto?
- Vocês conhecem a história de alguém que teve que sair da sua terra por causa da pobreza, da guerra ou de perseguições?

Façam *(para rezar na quarta parada)*

- Escolham alguém para ler, na parada, o tema da oração e o comentário.
- Uma criança convida as outras para fazer preces espontâneas pelas pessoas que são obrigadas a sair de sua terra. É bom que ela comece fazendo a primeira prece.
- Preparem com carinho o ambiente onde farão a oração.

Caminhada

4ª Parada

▶ *Ao chegarem à parada, cantem juntos a estrofe:*

> De medo foi a caminhada que para longe te levou,
> para escapar à vil cilada que um rei atroz te preparou.

▶ *Rezem juntos:*

> Padeceu sob Pôncio Pilatos, foi crucificado, morto e sepultado.
>
> Ave, Maria, cheia de graça, o Senhor é convosco; bendita sois vós entre as mulheres e bendito é o fruto do vosso ventre, Jesus. Santa Maria, Mãe de Deus, rogai por nós, pecadores, agora e na hora de nossa morte. Amém!

▶ *Uma criança lê:*

A ESPERANÇA RESISTE À INJUSTIÇA

O Povo de Deus viveu no deserto fugindo da escravidão. Jesus e sua família fugiram da crueldade de Herodes. Hoje, pessoas saem de suas terras por causa de guerras, fome e perseguições. Deus acompanha seus filhos nesse caminho.

▶ *Uma criança faz a primeira prece por todos os homens, mulheres e crianças que são obrigados a sair de suas terras e convida as outras para fazer preces também.*

▶ *Assim que terminarem as preces, saiam cantando o refrão até a próxima parada.*

Grupo 5

Preparar no grupo antes da caminhada

Leiam Lc 2,41-52 *(para que vocês conversem e respondam às perguntas)*

Quando Jesus completou 12 anos, subiram para a festa da Páscoa, como de costume. Passados os dias da festa, voltaram, mas o menino ficou em Jerusalém, sem que os seus pais notassem. Pensando que ele estava na caravana, caminharam um dia inteiro. Depois começaram a procurá-lo entre parentes e conhecidos. Não o encontrando, voltaram a Jerusalém. Três dias depois, encontraram o menino no Templo. Estava sentado no meio dos doutores, ouvindo e fazendo perguntas. Todos os que o ouviam estavam maravilhados com a inteligência de suas respostas. Ao vê-lo, seus pais ficaram emocionados. Sua mãe lhe disse: "Meu filho, por que você fez isso conosco? Olhe que seu pai e eu estávamos angustiados à sua procura". Jesus respondeu: "Por que me procuravam? Não sabiam que eu devo estar na casa do meu Pai?". Mas eles não compreenderam o que ele disse. Voltaram para Nazaré e Jesus permaneceu obediente a eles. Sua mãe conservava no coração todas essas coisas. Jesus crescia em sabedoria, estatura e graça diante de Deus e dos homens.

Conversem *(uma das crianças anota as respostas)*

- Jesus gostava muito de estar na casa do Pai. E vocês se sentem felizes na Igreja, casa do Pai?

- Gostariam que a catequese ajudasse vocês a viver no dia a dia uma amizade verdadeira com Deus?

Façam *(para rezar na quinta parada)*

- Escolham alguém para ler, na parada, o tema da oração e o comentário.
- O grupo vai convidar as crianças para fazer um gesto de oferta de si mesmas a Deus. Pode-se definir esse gesto e ensiná-lo ou convidar cada criança a fazer o seu próprio gesto (estender a mão, ajoelhar-se, abrir os braços etc.).
- Preparem com carinho o ambiente onde farão a oração.

Caminhada

5ª Parada

- *Ao chegarem à parada, cantem juntos a estrofe:*

> **Quão triste foi a caminhada de volta a Jerusalém,
> sentindo-te angustiada na longa busca do teu bem.**

- *Rezem juntos:*

> *Desceu à mansão dos mortos; ressuscitou ao terceiro dia.*
>
> Ave, Maria, cheia de graça, o Senhor é convosco; bendita sois vós entre as mulheres e bendito é o fruto do vosso ventre, Jesus. Santa Maria, Mãe de Deus, rogai por nós, pecadores, agora e na hora de nossa morte. Amém!

- *Uma criança lê:*

VIDA ESCONDIDA EM DEUS

Aos 12 anos, Jesus, sendo filho, vivia a pertença ao Pai. Na volta para casa, a vida sem "grandes acontecimentos", mas crescendo em sabedoria, estatura e graça na relação com Deus e com as pessoas.

- *Uma criança convida todos para fazer um gesto de oferta de si mesmos.*
- *Ao terminarem o gesto, saiam cantando o refrão até a próxima parada.*

Grupo 6

Preparar no grupo antes da caminhada

Leiam Mc 3,31-35 *(para que vocês conversem e respondam às perguntas)*

> Nisso chegaram a mãe e os irmãos de Jesus; ficaram do lado de fora e mandaram chamá-lo. Havia uma multidão sentada ao redor de Jesus. Então lhe disseram: "Olha, tua mãe e teus irmãos estão aí fora e te procuram". Jesus perguntou: "Quem é minha mãe e meus irmãos?". Então Jesus olhou para as pessoas que estavam sentadas ao seu redor e disse: "Aqui estão a minha mãe e meus irmãos. Quem faz a vontade de Deus, esse é meu irmão, minha irmã e minha mãe".

Conversem *(uma das crianças anota as respostas)*

- Como Jesus vê as pessoas que estão ao seu redor, ouvindo suas palavras?
- Vocês também querem pertencer à família de Jesus, fazendo a vontade de Deus?

Façam *(para rezar na sexta parada)*

- Escolham alguém para ler, na parada, o tema da oração e o comentário.
- Façam um breve teatro com o Evangelho.

    PERSONAGENS: Jesus, Maria, um discípulo para avisar Jesus da chegada de Maria, os parentes que foram com Maria e as pessoas que estavam com Jesus.

    • Jesus está ensinando.
    • Maria chega com parentes.
    • Um discípulo avisa Jesus da chegada dela: "Olha, tua mãe e teus irmãos estão aí fora e te procuram".
    • Jesus responde: "Quem é minha mãe e meus irmãos?". Aponta para todas as crianças da roda e diz: "Aqui estão minha mãe e meus irmãos. Quem faz a vontade de Deus, esse é meu irmão, minha irmã e minha mãe".

- Preparem com carinho o ambiente onde farão a oração.

Caminhada

6ª Parada

▶ *Ao chegarem à parada, cantem juntos a estrofe:*

> Humilde foi a caminhada em companhia de Jesus,
> quando pregava, sem parada, levando aos homens sua luz.

▶ *Rezem juntos:*

> *Subiu aos céus; está sentado à direita de Deus Pai todo-poderoso, donde há de vir a julgar os vivos e os mortos.*
>
> Ave, Maria, cheia de graça, o Senhor é convosco; bendita sois vós entre as mulheres e bendito é o fruto do vosso ventre, Jesus. Santa Maria, Mãe de Deus, rogai por nós, pecadores, agora e na hora de nossa morte. Amém!

▶ *Uma criança lê:*

A DISCÍPULA AMADA DO FILHO

Jesus não excluiu Maria, mas incluiu outras pessoas, pois sua família é formada pelos que realizam a vontade de Deus e continuam a sua missão. Maria se coloca no caminho de seguimento, tornando-se discípula na comunidade de fé.

▶ *Todo o grupo apresenta o Evangelho em forma de teatro.*
▶ *Assim que terminarem o teatro, saiam cantando o refrão até a próxima parada.*

Grupo 7

Preparar no grupo antes da caminhada

Leiam Jo 19,25-27 *(para que vocês conversem e respondam às perguntas)*

> A mãe de Jesus, a irmã da mãe dele, Maria de Cléofas, e Maria Madalena estavam junto da cruz. Jesus viu a mãe e, ao lado dela, o discípulo que ele amava. E disse à mãe: "Mulher, eis aí o seu filho". Depois disse ao discípulo: "Eis aí a sua mãe". E dessa hora em diante o discípulo a recebeu em sua casa.

Conversem *(uma das crianças anota as respostas)*

- Façam um instante de silêncio, de olhos fechados, procurando estar com Maria aos pés da cruz de Jesus e sentir o que ela sentiu naquele momento.

- Depois partilhem: como vocês sentem Maria aos pés da cruz?

Façam *(para rezar na sétima parada)*

- Escolham alguém para ler, na parada, o tema da oração e o comentário.

- Uma criança convida todos para fazer silêncio, ficar de joelhos diante do crucifixo e olhar para Jesus, procurando sentir o que Maria sentiu naquele momento e pensar em quantas mães no mundo inteiro perdem seus filhos. Fiquem assim durante alguns instantes e continuem a caminhada.

- Preparem com carinho o ambiente onde farão a oração.

Caminhada

7ª Parada

◉ *Ao chegarem à parada, cantem juntos a estrofe:*

> De dores foi a caminhada, no fim da vida de Jesus!
> Mas o seguiste conformada; com ele foste até a cruz.

◉ *Rezem juntos:*

> *Creio no Espírito Santo; na santa Igreja Católica.*
>
> Ave, Maria, cheia de graça, o Senhor é convosco; bendita sois vós entre as mulheres e bendito é o fruto do vosso ventre, Jesus. Santa Maria, Mãe de Deus, rogai por nós, pecadores, agora e na hora de nossa morte. Amém!

◉ *Uma criança lê:*

DE PÉ, JUNTO DA CRUZ, MARIA ACOLHE A HUMANIDADE

Maria seguiu seu Filho até o máximo do amor. Ao acolher o discípulo amado, ela acolheu aqueles que querem caminhar com Jesus até o fim.

◉ *Convidem as crianças para se ajoelharem diante do crucifixo e sentirem a dor de Maria e de todas as mães do mundo que perdem seus filhos para drogas, violência, acidentes, sequestros etc.*

◉ *Assim que terminarem o momento de silêncio, saiam cantando o refrão até a próxima parada.*

Grupo 8

Preparar no grupo antes da caminhada

Leiam At 1,12-14 *(para que vocês conversem e respondam às perguntas)*

Os apóstolos voltaram para Jerusalém, pois se encontravam no chamado monte das Oliveiras. Entraram na cidade e subiram para a sala onde costumavam hospedar-se. Aí estavam Pedro, João, Tiago, André, Filipe, Tomé, Bartolomeu, Mateus, Tiago, filho de Alfeu, Simão e Judas, filho de Tiago. Todos tinham os mesmos sentimentos e eram assíduos na oração, junto com algumas mulheres, entre as quais Maria, mãe de Jesus, e os irmãos de Jesus.

Conversem *(uma das crianças anota as respostas)*

- O que Maria e as outras pessoas faziam para se manterem unidas?
- É bom fazer oração junto com outras crianças?

Façam *(para rezar na oitava parada)*

- Escolham alguém para ler, na parada, o tema da oração e o comentário.
- O grupo de vocês distribui uma flor para cada grupo. Depois vocês caminham para o centro, fazem uma roda ao redor da imagem de Maria e, de mãos dadas, oferecem a flor e dizem juntos: "Mãe, receba essa flor. Queremos seguir Jesus". Depois convidem os outros grupos para fazer o mesmo.
- Preparem com carinho o ambiente onde farão a oração.

Caminhada

8ª Parada

▸ *Ao chegarem à parada, cantem juntos a estrofe:*

> Vitoriosa caminhada fez finalmente te chegar ao céu,
> a meta da jornada dos que caminham sem parar.

▸ *Rezem juntos:*

> Na comunhão dos santos; na remissão dos pecados; na ressurreição da carne; na vida eterna. Amém.
>
> Ave, Maria, cheia de graça, o Senhor é convosco; bendita sois vós entre as mulheres e bendito é o fruto do vosso ventre, Jesus. Santa Maria, Mãe de Deus, rogai por nós, pecadores, agora e na hora de nossa morte. Amém!

▸ *Uma criança lê:*

DE VOLTA AOS BRAÇOS DO PAI

Maria continuou rezando com a comunidade, esperando a realização da promessa de Deus. Todos vão chegar um dia a participar dessa plenitude na qual ela já está.

▸ *O grupo distribui uma flor para cada grupo. Ao redor da imagem de Maria o grupo diz: "Mãe, receba essa flor. Queremos seguir Jesus!". Depois convida os outros para fazer o mesmo.*

Fazer em casa com carinho

- Monte um quebra-cabeça em casa. Cole um dos desenhos que você recebeu em um papel mais firme e recorte em diversos tamanhos. Use a outra cópia para que saiba se orientar na montagem das peças. Dê um título a ele depois de pronto.

- Leia junto com os seus familiares os títulos e comentários de cada parada da Caminhada Mariana e conte como foi a sua experiência.

Propósito da semana

Depois de ler com sua família a caminhada que vocês fizeram, convide todos eles para rezar o terço juntos, se possível, em uma caminhada semelhante à que você fez na catequese.

A Palavra de Deus

Leia o trecho do Evangelho que você trabalhou e rezou junto com seu grupo e tire dele palavras que possam ajudá-lo(a) a escrever aqui um bonito poema para Maria.

12º Encontro: A vida de Jesus, em quem creio

"Jesus faz bem todas as coisas. Faz os surdos ouvir e os mudos falar."
Mc 7,37

Movido pela compaixão

Bem-me-quer, bem-me-quer.
Não tens revés. Só sabes querer bem.
És todo bem-querer por mim, por nós.
Querer só bem, fazer o bem às vezes é tão difícil!
Mas será que não o foi para ti?
Em tudo igual a nós, estiveste como nós
cercado de fraqueza, sem, todavia, pecar.
Sem cair no desamor, sem te desumanizar!
Como és humano, Jesus, Filho de Deus!
Vem procurar e salvar a humanidade
que em nós tantas vezes se perde!

MÚSICA DO ENCONTRO
(melodia: *Natal, natal das crianças*)

Um encontro aconteceu entre Jesus e Zaqueu.
Da árvore bem depressa desceu, e em sua casa o acolheu.
E assim Jesus mudou o coração desse homem
que a salvação encontrou na partilha e na fé.

Foi concebido pelo poder do Espírito Santo. Nasceu da Virgem Maria...

Experiência de oração

Escreva uma cartinha carinhosa para Jesus, só o que o coração mandar (não precisará ler no encontro), falando para ele de todas as coisas que aqui estão:

- O que você viu nas atitudes dele e de que gostou muito?
- O que sentiu quando ouviu que ele tratou bem a Zaqueu?
- O que gostaria de experimentar na sua relação com ele?
- O que você gostaria de fazer em gestos de bondade para as outras pessoas?

OUÇA O SEU CORAÇÃO...

Fazer em casa com carinho

Para que a passagem de Jesus pela vida de Zaqueu (Lucas 19,1-10) fique bem guardada em seu coração, procure se lembrar do teatro, das palavras e da sua cartinha escrita para Jesus no encontro de catequese. Depois de recordar tudo isso, crie uma história que fale sobre uma pessoa que sentiu a presença de Deus muito forte na vida dela, fazendo com que ela se tornasse melhor. Se você conhece alguém que viveu esse encontro de verdade, conte a história dessa pessoa. A música de hoje pode inspirá-lo(a).

Propósito da semana

Esta semana você dará pelo menos um abraço por dia em alguém como se fosse Jesus abraçando Zaqueu. Se quiser dar mais que um abraço, melhor ainda, pois assim você fará mais pessoas felizes. O abraço faz muito bem a quem dá e a quem o recebe. Por isso, abrace os que você ama, mas também os que não ama tanto ou ainda não ama. Abrace com carinho, de verdade. Quem não gosta de um abraço?

Foi concebido pelo poder do Espírito Santo. Nasceu da Virgem Maria...

A Palavra de Deus

A Palavra de Deus desta semana é a do encontro de catequese. Ela está no Evangelho de Lucas, capítulo 19, versículos do 1 ao 10. Leia-a, isso ajudará você a reforçar a compreensão do encontro de Jesus com Zaqueu e fazer essa experiência em sua vida também. Esse encontro foi tão marcante que mudou a vida desse homem para sempre. Ele, antes, não pensava nos seus irmãos, querendo só ter bens e ignorando as dificuldades dos outros. Ao ver Jesus, porém, seu coração foi tocado pelo amor. E até hoje muitas pessoas são tocadas por esse amor.

Faça uma cruzadinha com perguntas e respostas depois de ler e meditar sobre o texto. Mas preste atenção nas respostas, para que sejam palavras interessantes, ok?

1. _____ S _____
2. _____ A _____
3. _____ L _____
4. _____ V _____
5. _____ A _____
6. _____ R _____

1.
2.
3.
4.
5.
6.

13º Encontro: Sob Pôncio Pilatos padeceu

"Eu nasci e vim ao mundo para dar testemunho da verdade. Todo aquele que está com a verdade ouve a minha voz." Pilatos disse: "O que é a verdade?".

Jo 18,37-38

Viver na verdade

JESUS DE NAZARÉ

Jo 18,28-38

Depois de ter feito muitos sinais — curado os doentes, devolvido a visão aos cegos, feito andar os paralíticos, purificado os leprosos, restaurado a capacidade de ouvir aos surdos, reavivado os mortos, anunciado a Boa-Nova aos pobres —, Jesus foi entregue a julgamento pelas autoridades do seu povo. Seus gestos incomodaram os poderosos.

De Caifás levaram Jesus para o palácio do governador. Era de manhã.

Pilatos saiu para fora e conversou com eles:

— Que acusação vocês apresentam contra este homem?

Eles responderam:

— Se ele não fosse malfeitor, não o teríamos trazido até aqui.

Pilatos disse:

— Encarreguem-se vocês mesmos de julgá-lo, conforme a lei de vocês.

Os judeus responderam:

— Não temos permissão de condenar ninguém à morte.

Então Pilatos entrou de novo no palácio. Chamou Jesus e perguntou:

— Tu és o rei dos judeus?

Jesus respondeu:

— Você diz isso por si mesmo ou foram outros que lhe disseram isso a meu respeito?

Pilatos disse:

— Por acaso eu sou judeu? O teu povo e os chefes dos sacerdotes te entregaram a mim. O que fizeste?

Jesus respondeu:

— O meu reino não é deste mundo. Se o meu reino fosse deste mundo, os meus guardas lutariam para que eu não fosse entregue às autoridades dos judeus.

Pilatos então disse:

— Então tu és rei?

Jesus respondeu:

— Você está dizendo que eu sou rei. Eu nasci e vim ao mundo para dar testemunho da verdade. Todo aquele que está com a verdade ouve a minha voz.

Pilatos disse:

— O que é a verdade?

CHICO MENDES

Líder dos seringueiros[1] nas décadas de 1970 e 1980, ele tornou-se referência mundial da luta contra o desmatamento da Amazônia. Nasceu na vila de Porto Rico, na cidade de Xapuri (Acre), onde fundou o sindicato dos trabalhadores rurais. Mais tarde foi um dos fundadores do PT no Estado, partido pelo qual concorreu, sem sucesso, nas eleições de 1982, para deputado, e em 1985, para prefeito.

Ganhou projeção nacional e, posteriormente, mundial, ao unir diferentes povos, até mesmo os índios, em defesa da reforma agrária[2] na região. À frente do sindicato dos seringueiros, envolveu-se em vários confrontos violentos com fazendeiros. Após sucessivas ameaças de morte, foi assassinado em 22 de dezembro de 1988, aos 44 anos, em Xapuri. Foram presos o fazendeiro Darci Alves Pereira e seu pai, Darly Alves da Silva, que fugiram da penitenciária em 1993. Três anos mais tarde eles foram recapturados pela Polícia Federal.

Depois da sua morte, o governo brasileiro (José Sarney era o presidente na época) sofreu pressões internacionais para impedir o desmatamento, melhorar as condições de trabalho na região e preservar as reservas indígenas.

MÚSICA DO ENCONTRO
(melodia: *Teresinha de Jesus*)

Chico Mendes e Jesus
testemunham a verdade.
Eles dois deram a vida
e ganharam a liberdade.

Muitas vezes não conheço
o caminho da verdade.
Ó meu Deus, vem ensinar-me
a viver a sinceridade.

---

1. Trabalhadores que extraem o látex da seringueira (árvore da Amazônia) para fazer borracha.
2. A reforma agrária é um sistema que busca distribuir terras improdutivas e concentradas nas mãos de alguns para pessoas que não as possuem e querem produzir. A má distribuição das terras começou no período da colonização, mas perdura até hoje, infelizmente.

Fazer em casa com carinho

- Que tal fazer mais duas estrofes para a cantiga de roda desse encontro? Elas devem expressar várias coisas que você, criança, pode querer: a verdade; ser mais parecida com Jesus; ter mais coragem de ser sincera; pedir a Deus que dê a força necessária para trilhar esse caminho etc. Mostre-as para seus colegas da catequese.

- Procure mais histórias sobre a vida de pessoas dos tempos de hoje que foram mortas porque testemunharam a verdade. Escreva alguns nomes aqui no livro e, se quiser contar algum detalhe da vida delas, será ainda melhor.

Propósito da semana

Você, criança, vai se propor tomar a decisão de ser mais sincera e dizer a verdade nesta semana a todas as pessoas, mesmo que isso seja muito difícil. Combinado?

A Palavra de Deus

Leia a Palavra de Deus do Livro de João, que está no capítulo 8, versículos do 31 ao 32, e encontre a frase cujas palavras que a formam estão misturadas.

Padeceu sob Pôncio Pilatos

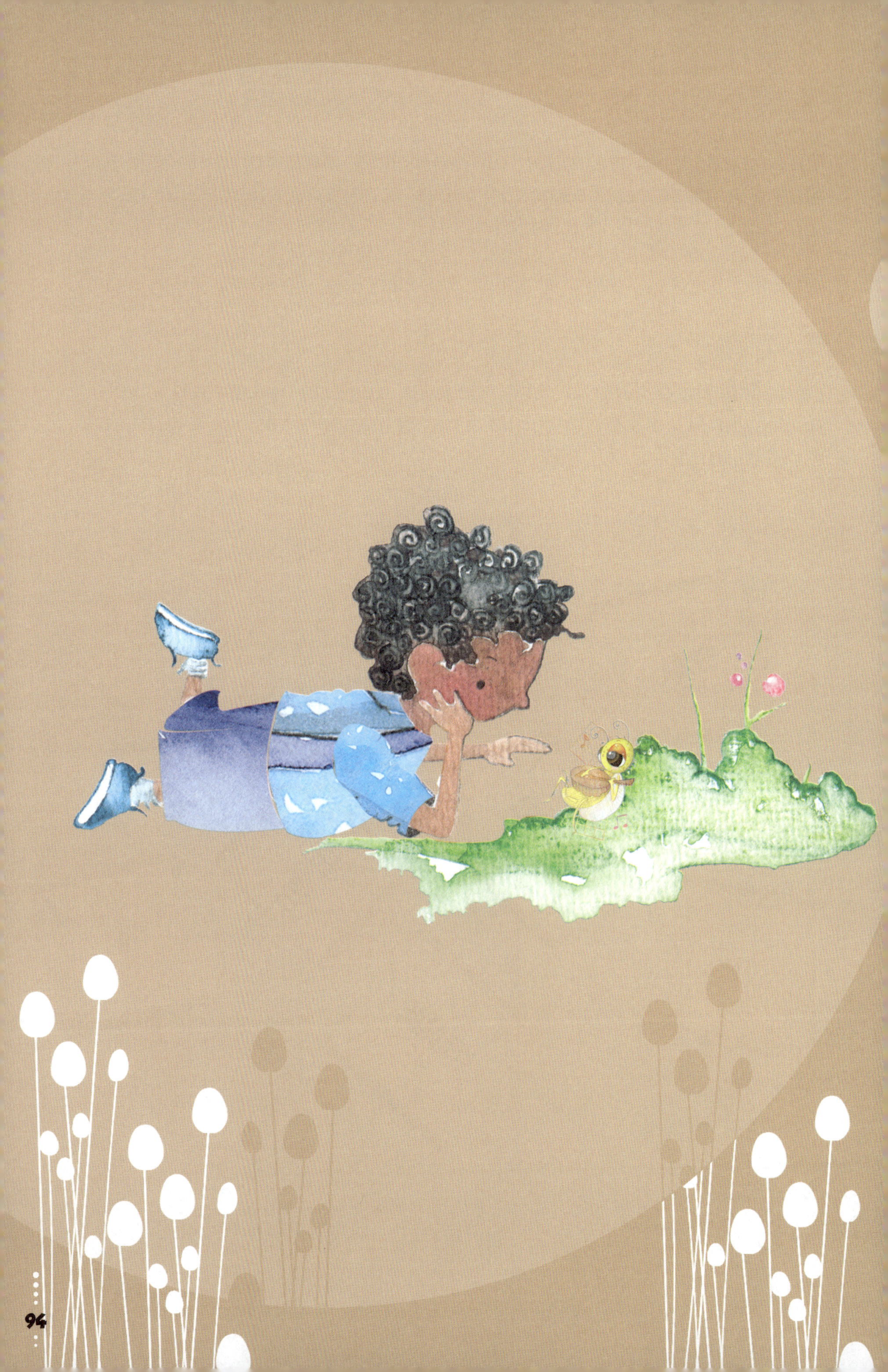

14º Encontro: Foi crucificado, morto e sepultado

*"Pai, se queres, afasta de mim este cálice.
Contudo, não se faça a minha vontade, mas a tua!"*
Lc 22,42

A tua vontade é caminho seguro

VIGIA ESPERANDO A AURORA
(Antônio Carlos Santini)

Vigia esperando a aurora, qual noiva esperando o amor.
É assim que o servo espera a vinda do seu Senhor.

Ao longe, um galo vai cantar seu canto.
O sol no céu vai estender seu manto.
Mas na muralha eu estarei desperto,
que já vem perto o dia do Senhor.

A minha voz vai acordar meu povo
louvando a Deus, que faz o mundo novo.
Não vou ligar se a madrugada é fria,
que um novo dia vai chegar.

Se a noite é escura acendo a minha tocha.
Dentro do peito, o sol já desabrocha.
Filho da luz, não vou dormir: vigio.
Ao mundo frio vou levar o amor!

MÚSICA DO ENCONTRO
(melodia: *Se esta rua fosse minha*)

Vigiai e rezai aqui comigo
nesta hora de entrega e de dor.
A vontade do Pai realizarei,
ao beber este cálice de amor.

Experiência de oração

Os quatro textos que você ouviu na catequese ficarão gravados aqui no seu livro. Quando você se sentir triste, leia cada um deles de maneira especial, fique quietinho junto com Jesus, lembre-se do que ele viveu e sofreu por amor. Ele que ama muito você estará do seu lado, consolando e renovando suas forças para continuar o caminho.

Então Jesus foi com eles a um lugar chamado Getsêmani. E disse aos discípulos: "Sentem-se aqui, enquanto eu vou ali para rezar". Jesus levou consigo Pedro e os dois filhos de Zebedeu, e começou a ficar triste e angustiado. Então disse a eles: "Minha alma está numa tristeza de morte. Fiquem aqui e vigiem comigo". Jesus foi um pouco mais adiante, prostrou-se com o rosto por terra e rezou: "Meu Pai, se é possível, afasta de mim este cálice. Contudo, não seja feito como eu quero, e sim como tu queres". Voltando para junto dos discípulos, Jesus encontrou-os dormindo. Disse a Pedro: "Como assim? Vocês não conseguiram vigiar nem sequer uma hora comigo? Vigiem e rezem, para não caírem em tentação, porque o espírito está pronto, mas a carne é fraca".

Mt 26,36-41

Em seguida, os soldados de Pilatos levaram Jesus ao palácio do governador e reuniram a tropa em volta de Jesus. Tiraram a roupa dele e o vestiram com um manto vermelho; depois, teceram uma coroa de espinhos, a qual colocaram em sua cabeça, e uma vara em sua mão direita. Então, ajoelharam-se diante de Jesus e zombaram dele, dizendo: "Salve, rei dos judeus!". Cuspiram nele e, pegando a vara, bateram na sua cabeça. Depois de zombarem de Jesus, tiraram-lhe o manto vermelho e o vestiram de novo com as próprias roupas dele; daí o levaram para crucificar.

Mt 27,27-31

Quando chegaram ao chamado "lugar da Caveira", crucificaram Jesus e os criminosos, um à sua direita e outro, à esquerda. E Jesus dizia: "Pai, perdoa-lhes! Eles não sabem o que estão fazendo!". Depois repartiram a roupa de Jesus, fazendo sorteio. O povo lá permanecia, olhando. Os chefes, porém, zombavam de Jesus, dizendo: "A outros ele salvou. Que salve a si mesmo, se é de fato o Messias de Deus, o Escolhido!". Os soldados também caçoavam dele. Aproximavam-se, ofereciam-lhe vinagre e diziam: "Se tu és o rei dos judeus, salva a ti mesmo!". Acima dele havia um letreiro: "Este é o Rei dos judeus".

Lc 23,33-38

Já era mais ou menos meio-dia, quando uma escuridão cobriu toda a região até as três horas da tarde, pois o sol parou de brilhar. A cortina do santuário rasgou-se ao meio. Então, Jesus deu um forte grito: "Pai, em tuas mãos entrego o meu espírito". Dizendo isso, expirou. O oficial do exército viu o que tinha acontecido e glorificou a Deus, dizendo: "De fato, esse homem era justo!". E a multidão que estava ali, e tinha vindo para assistir, viu o que havia acontecido e voltou para casa, batendo no peito. Todos os conhecidos de Jesus, assim como as mulheres que o haviam acompanhado desde a Galileia, ficaram a distância, observando essas coisas.

Lc 23,44-49

Fazer em casa com carinho

Escolha uma das passagens acima, leia-a com seus familiares, conte como você se sentiu ao estar junto de Jesus na hora do seu sofrimento e convide todos para fazer um momento de adoração com você do jeito que achar mais interessante.

Propósito da semana

Esta semana você rezará todos os dias, diante de um crucifixo, pedindo a Jesus por todas as pessoas que estão excluídas da sociedade: presidiários, dependentes de drogas, alcoólatras, mendigos, desempregados, meninos de rua e outras de que você se lembrar que estão fora do convívio social.

A Palavra de Deus

Escreva aqui todas as frases ditas por Jesus nas quatro passagens.

15º Encontro: O caminho da morte para a vida

"Por que vocês estão procurando entre os mortos aquele que está vivo? Ele não está aqui! Ressuscitou!"
Lc 24,5-6

A noite trará a luz

EXULTE
(Reginaldo Veloso)[1]

Exulte de alegria, dos anjos a multidão.
Exultemos, também nós, por tão grande salvação!

Do grande Rei a vitória, cantemos o resplendor.
Das trevas surgiu a glória, da morte o Libertador.

**O Senhor esteja convosco! Ele está no meio de nós.
Os corações para o alto! A Deus ressoe nossa voz.**

No esplendor desta noite, que viu os hebreus libertos.
Nós, os cristãos, bem despertos, brademos: morreu a morte!

Bendito seja Cristo Senhor, que é do Pai imortal esplendor!

No esplendor desta noite, que viu vencer o Cordeiro.
Por Cristo salvos, cantemos: a seu Sangue justiceiro!

No esplendor desta noite, que viu ressurgir Jesus.
Do sepulcro, exultemos: pela vitória da Cruz!

Noite mil vezes feliz. Deus por nós seu Filho deu.
O Filho salva os escravos, quem tanto amor mereceu?

Noite mil vezes feliz, ó feliz culpa de Adão.
Que mereceu tanto amor, que recebeu o perdão!

Noite mil vezes feliz, aniquilou-se a maldade.
As algemas se quebraram, despontou a liberdade!

Noite mil vezes feliz, o opressor foi despojado.
Os pobres enriquecidos, o céu à terra irmanado!

Noite mil vezes feliz, em círio de virgem cera.
Nova esperança se acende no seio da tua Igreja!

Noite mil vezes feliz, noite clara como o dia.
Na luz de Cristo glorioso. Exultemos de alegria.

Ressuscitou ao terceiro dia...

---
1. CD *Tríduo Pascal II*. São Paulo: Paulus, 2006. Coleção Cantos do Hinário Litúrgico da CNBB.

MÚSICA DO ENCONTRO

Cristo ressuscitou
(Lindberg Pires)[2]

Cristo ressuscitou, Aleluia!
Venceu a morte com amor!
Cristo ressuscitou, Aleluia!
Venceu a morte com amor, Aleluia!

1. Tendo vencido a morte, o Senhor ficará
para sempre entre nós, para manter
viva a chama do amor que reside
em cada cristão a caminho do Pai.

2. Tendo vencido a morte,
o Senhor nos abriu um horizonte feliz,
pois nosso peregrinar pela face do mundo
terá seu final lá, na casa do Pai.

Fazer em casa com carinho

- Leia o texto "Exulte" (página 97) que está no tema e descubra as dezessete palavras (alegria, salvação, resplendor, glória, cordeiro, ressurgir, libertador, vitória, esperança, cantemos, cristãos, brademos, luz, rei, bendito, pai, perdão) e quatro frases (noite mil vezes feliz, tanto amor mereceu, morreu a morte, sangue justiceiro) que estão no caça-palavras da página ao lado.

Propósito da semana

Esta semana você vai evitar falar de notícias ruins ou sinais de morte, e contar pelo menos uma notícia boa por dia para alguém. É uma forma de você, criança, ser anunciadora da vida e da esperança.

---
2. CD *Liturgia XV – Páscoa Ano C*. São Paulo: Paulus, 2005. Coleção Cantos do Hinário Litúrgico da CNBB.

Ressuscitou ao terceiro dia...

```
A S D F G H J K U R R C C N J B F S S E S
B D F G L U Z S J B E I R M E D S X C A A
A A S R D W Z R G J S Y I O H A L H F S L
N I J H G E V B N M P S X S Z A Q T D V
C E F D C S B N T A L D T Q W B C G A M A
G Z X C V P N M H G E S Ã H W E U T N U Ç
F B R A D E M O S O N I O E T N I W T A Ã
O N H J K R G F D C D R S B S D H A O B O
S A Z W S A E D C R O T D K H I W J A S K
C L O E I N D I M A R Y B O T T C R M S E
G V X N A Ç Q R O Y U I O J H O A D O E A
L Q R O Q A F G R J K L J O U E M R R R H
Ó S E I K N L E R R O L E I V P I U M T R
R C U T W E R P E R D Ã O Z I C V B E M C
I S F E B R M Z U S U A B T T R O S R X U
A D A M V E D E A V B O V M Ó N R Q E S R
J Q R I Q S F G M J K L J O R E M R C R H
J Q R L Q S F G J K L J O I E M R E R H
B D F V B U N S R O L I Y M A D S X U A Z
T K J E O R R S T O O I U E T R I W Q A W
S V X Z A G Q R E Y U C A N T E M O S E P
A Q D E F I B N A J K Z X C V B N Y H F A
F D A S V R D E X V A L E G R I A Q A S I
J Q R F Q D F G H J K L J O U E M R E R H
B D F E B O N S C O R D E I R O S X C A Z
L C U L W E R T Y U I O P Z X C V B N M C
S A Z I S X E L I B E R T A D O R J M R K
F D A Z V H D E X V B F P M E N R Q A E R
S A N G U E J U S T I C E I R O G B Y I F
```

A Palavra de Deus

Leia o Evangelho de Mateus, capítulo 28, versículos do 1 ao 10, e complete as frases da página seguinte.

▶ Os vários sinais de vitória de Jesus sobre a morte:
- Um grande .... de terra;
- O .... desceu do céu e, aproximando-se, retirou a .... e sentou-se nela.
- Os guardas tremeram de ....

▶ As mulheres procuraram Jesus, o Crucificado, no lugar da morte:
- Então o anjo disse às mulheres: ....
- Eu sei que vocês estão ...., que foi crucificado.
- Ele não está aqui, ... como havia dito. Venham ver o .... onde ele estava.

▶ Tendo feito a experiência de acordo com a palavra do mensageiro, as mulheres vão anunciar:
- As mulheres saíram depressa do túmulo; estavam ...., mas correram com .... para dar a notícia aos discípulos.

▶ As mulheres se aproximaram e se ajoelharam diante de Jesus:
- De repente, Jesus foi .... e disse: ....

▶ O encontro com Jesus Ressuscitado é especial para as mulheres: transforma a vida delas, dando-lhes uma missão.
- Então Jesus disse a elas: "Não tenham medo! .... aos meus irmãos que se .... Lá eles me verão".

16º Encontro: Subiu aos céus e está à direita do Pai

"Se vocês foram ressuscitados com Cristo, procurem as coisas do alto, onde Cristo está sentado à direita de Deus."

Col 3,1

O olhar se mantém no Senhor

16

MÚSICA DO ENCONTRO
(melodia: *Atirei o pau no gato*)

Cristo já ressuscitou, tou, tou
e nós também, bem, bem
junto com ele, le, le.
Vamos buscar, ar, ar,
coisas do alto, to, to,
porque assim
só o amor nós viveremos. Amor!

….. Subiu aos céus. Está sentado à direita de Deus Pai todo-poderoso…..

Fazer em casa com carinho

• Faça uma lista, num papel separado, em duas colunas, escrevendo, de um lado, quais atitudes você tem que arrancar da sua vida e, do outro, aquelas que deve plantar, praticar. Com a lista nas mãos, procure essas palavras em revistas e jornais ou recorte letras, forme as palavras e cole-as aqui no livro.

• A música de hoje vale a pena ensinar para outras crianças, pois fala de coisas muito bonitas.

Propósito da semana

Escolha duas atitudes principais da sua lista, uma do lado do "arrancar" e outra do "plantar" e pratique cada uma delas durante a semana. Por exemplo: se você fala palavrão, tente não falar, procure dizer coisas bonitas. Se do outro lado escreveu que deve ajudar mais em casa, procure praticar isso, cortando a preguiça.

A Palavra de Deus

A bonita leitura desta semana está na Carta aos Colossenses, capítulo 3, versículos do 1 ao 2 e do 5 ao 15. Tire do texto as atitudes boas e as ruins, escreva-as na página seguinte, depois compare com a sua lista e veja se há alguma igual à sua.

Se vocês foram ressuscitados com Cristo,
procurem as coisas do alto, onde Cristo está sentado à direita de Deus.
Façam morrer aquilo que em vocês pertence à terra:
*impureza, paixão, desejos maus e cobiça de possuir,
que é uma idolatria. Agora, porém, abandonem tudo isto:
ira, raiva, maldade, maledicência e palavras obscenas
que saem da boca de vocês. Não mintam uns aos outros.*
De fato, vocês foram despojados do homem velho e de suas ações,
e se revestiram do homem novo, que, através do conhecimento,
vai se renovando à imagem do seu Criador. E aí já não há grego,
nem judeu, circunciso ou incircunciso, estrangeiro ou bárbaro,
escravo ou livre, mas apenas Cristo, que é tudo em todos.
Como escolhidos de Deus, santos e amados, vistam-se de sentimentos
de *compaixão, bondade, humildade, mansidão, paciência.*
Suportem-se uns aos outros e se perdoem mutuamente,
sempre que tiverem queixa contra alguém.
Cada um perdoe o outro, do mesmo modo que o Senhor perdoou vocês.
E, acima de tudo, vistam-se com o amor, que é o laço da perfeição.
Que a paz de Cristo reine no coração de vocês.
Para essa paz vocês foram chamados como membros de um mesmo corpo.
Sejam também agradecidos.

ATITUDES BOAS	ATITUDES RUINS

17º Encontro: Intimidade com o nosso Pai

"Pai nosso que estais no céu, santificado seja o vosso nome; venha a nós o vosso reino; seja feita a vossa vontade."
Mt 6,9-10

Ensina-nos a orar

PAI-NOSSO

Pai nosso que estais no céu,
santificado seja o vosso nome;
venha a nós o vosso reino;
seja feita a vossa vontade,
assim na terra como no céu.

O pão nosso de cada dia nos dai hoje,
perdoai-nos as nossas ofensas,
assim como nós perdoamos
a quem nos tem ofendido,
e não nos deixeis cair em tentação,
mas livrai-nos do mal.
Amém!

Donde há de vir a julgar os vivos e os mortos...

MÚSICA DO ENCONTRO
(melodia: *Capelinha de melão*)

Quero ser Jesus amado como você é,
um oleiro que dá vida ao barro em suas mãos.
Se o meu irmão que sofre precisar de mim,
quero ser na vida dele a restauração.

ORAÇÃO[1]

Ó Deus, Pai de todos os homens, tu pedes a cada um de nós
que levemos o amor onde os pobres são oprimidos.
Que levemos a alegria onde a Igreja está desencorajada.
Que levemos a reconciliação onde os homens estão separados:
o pai e o filho, a mãe e a filha, o marido e a mulher,
o crente e aquele que não acredita,
o cristão e o seu irmão mal-amado.
Nós te pedimos: abre-nos este caminho
do amor, da alegria e da reconciliação,
a fim de que o corpo ferido de Cristo, a tua Igreja,
seja o fermento da comunhão para os pobres da terra
e para toda a família humana.

Fazer em casa com carinho

- O Pai-nosso é a oração cristã ensinada por Jesus. Nela pedem-se coisas básicas para a vida de todos os seres humanos. Três pedidos são em relação a Deus e quatro, em relação aos seres humanos. É um diálogo entre vós (Deus) e nós (humanos).

PARA DEUS

- Santificado seja o vosso nome.
- Venha a nós o vosso reino.
- Seja feita a vossa vontade.

PARA OS SERES HUMANOS

- O pão nosso de cada dia.
- O perdão das ofensas.
- A força na tentação.
- A libertação do mal.

---

1. Oração extraída do livro *Eu creio — Pequeno catecismo católico*. Texto de Eleonore Beck. Tradução: Ajuda à Igreja que sofre. Editorial Verbo Divino, 1999, p. 67.

- Seguindo esses passos, faça com suas próprias palavras uma oração a Deus, com três agradecimentos para ele e quatro pedidos em favor de todas as pessoas. Escreva aqui no livro.

....
....
....
....
....
....
....
....
....
....
....
....
....
....

- Mostre para seus familiares a oração do Pai-nosso que você rezou neste encontro e reze com eles. Termine ensinando a eles a música de hoje.

Propósito da semana

Procure uma pessoa que esteja triste ou desanimada e faça gestos de carinho para ela a fim de ajudar a alegrá-la.

Donde há de vir a julgar os vivos e os mortos...

A Palavra de Deus

Aqui você fará uma cruzadinha com base na oração do Pai-nosso, lendo o Evangelho de Mateus, capítulo 6, versículos do 9 ao 13. Jesus abre a porta do encontro entre o Pai e os seus filhos e filhas que vivem aqui na terra. Por isso, todos podem chamá-lo de Paizinho e conversar com ele na oração, como se faz com um amigo. Que bom ser filho e filha de Deus, não é?

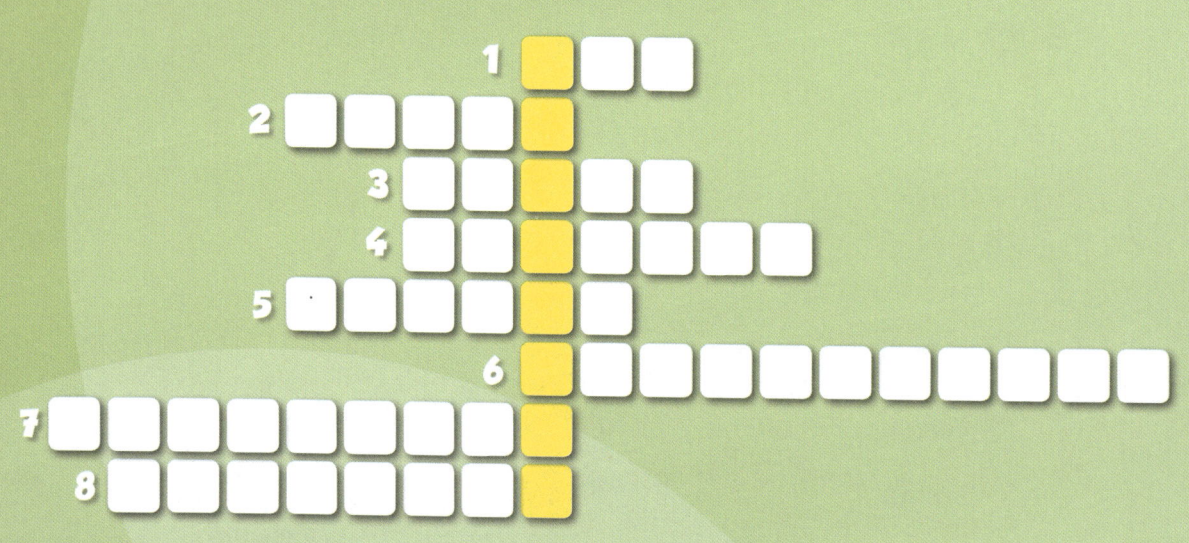

1. O que pedir ao Pai para todos, todos os dias? O .... é sustento do corpo e do espírito.

2. Queremos que a sua vontade seja feita assim na .... como no céu.

3. Pedir e lutar para que venha o seu .... e deixar que o amor, a justiça e a paz sejam o elo entre todas as pessoas.

4. Faz a .... de Deus Pai quem segue Jesus Cristo pelos seus caminhos.

5. Quem ama a Deus .... as dívidas dos irmãos e também é perdoado.

6. Louvar o Senhor é querer que o seu nome seja .... e isso é reconhecer o seu imenso amor de Pai.

7. .... do mal do egoísmo, da inveja, da vaidade, do rancor, da violência.

8. Não nos deixeis cair em ...., que nos engana e faz sair do caminho de Jesus.

Sobre as autoras

Tania Ferreira Pulier

Sou jornalista e professora de teologia. Trabalhei como comunicadora popular na Cáritas Diocesana de Araçuaí, no Vale do Jequitinhonha. Participo da Família Missionária Verbum Dei, uma comunidade que cultiva a vida de oração e o anúncio da Palavra de Deus, tentando viver aquilo que Jesus ensinou. Trabalho na Metanoia Educação em Negócios.

e-mail: taniapulier@yahoo.com.br

Sandra Regina de Sousa

Sou professora de teologia nas áreas de espiritualidade e liturgia, compositora e cantora. Atuo na Pastoral Litúrgica do Canto e Catequese e em diversas pastorais sociais (com menores de rua, presidiários, entre outras). Assessora da Oficina de Diálogo, que promove a melhoria das relações nas equipes de trabalho das paróquias, ONGs, escolas e outras entidades.

e-mail: sandrasousa19@yahoo.com.br

Coleção **Creio na alegria**

Autoria: Regina de Sousa; Tania Ferreira Pullier

- *Creio na Alegria – Caminho de fé cristã nos passos do Credo – Livro do catequizando 1*
- *Creio na Alegria – Caminho de fé cristã nos passos do Credo – Livro do catequizando 2*
- *Creio na Alegria – Caminho de fé cristã nos passos do Credo – Livro do catequista 1*
- *Creio na Alegria – Caminho de fé cristã nos passos do Credo – Livro do catequista 2*
- *Creio na Alegria – caminho a construir perseverança*
  – metodologia e temático 1 e 2 – livro do catequista
- *Creio na Alegria – caminho a construir perseverança*
  – encontros temáticos 1 – relacionamentos – internet – discriminação – livro do catequizando
- *Creio na Alegria – caminho a construir perseverança*
  – encontros temáticos 2 – sexualidade, sociedade, violência – livro do catequizando